Emilia S.

Wenn Männer mir die Flügel brechen, fliege ich mit einem Besen weiter ...

Emilia S.

Wenn Männer mir die Flügel brechen, fliege ich mit einem Besen weiter ...

Je veux - ich will
Je peux - ich kann
Je fais - ich mache

Rediroma-Verlag

Bibliografische Information der Deutschen Nationalbibliothek:
Die Deutsche Nationalbibliothek verzeichnet diese Publikation in der Deutschen Nationalbibliografie; detaillierte bibliografische Daten sind im Internet über http://portal.dnb.de abrufbar.

ISBN 978-3-96103-836-7

Grafiken designed by Freepik
Cover/Einband designed by Hans-Peter Palko

www.rediroma-verlag.de
11,95 Euro (D)

Inhalt

VORSPANN

Wo und wie beginnt man sein erstes Buch? Diese Frage hat mich sehr lange beschäftigt bzw. lange daran gehindert, überhaupt zu beginnen. Aller Anfang ist bekanntlich ja schwer – zumindest sagt man es so …

Am besten starte ich im Hier und Jetzt und versuche zu erläutern, wie ich überhaupt auf die Idee kam, ein Buch zu schreiben. Ehrlich gesagt ist der Gedanke schon lange aufgekommen, denn im Laufe der Jahre sind mir immer wieder Dinge passiert, die durchaus so unglaublich waren, dass ich es oft selbst nicht wahrhaben wollte. In meinem Freundeskreis sorgten meine Geschichten immer für Unterhaltung. So war es oft der Fall, dass, wenn ich meine Freunde länger nicht traf, sie alle gespannt meinen neuesten Erlebnissen lauschten und ich den Abend mit meinen Erzählungen gestaltete. Manchmal waren sie fassungslos, hier und da verwundert, aber fast immer einfach nur amüsiert. Wenn ich mal keine Anekdote in petto hatte, waren sie fast ein bisschen enttäuscht. Sie waren stets für mich da und nicht selten bestärkten sie mich, meine Erlebnisse in einem Buch festzuhalten. Sie haben sich sogar um Buchanteile gestritten. Ich habe keine verkauft, aber sollte das Buch ein Erfolg werden, revanchiere ich mich bestimmt – immerhin mussten sie sich über Jahre hinweg mein chaotisches Leben zu Gemüte führen. 😊 An dieser Stelle ein „herzliches DANKE“ an all die Menschen, die ich seit Jahren mit den verrücktesten Geschichten vollgelabert habe.

Lange hatte ich aber nicht die Muse und nahm mir einfach nicht die Zeit, mich diesem Buch zu widmen. Das lag an mehreren Faktoren, einerseits zweifelte ich insgeheim daran, dass es irgendjemanden interessieren könnte und andererseits muss man beim Schreiben seiner eigenen Lebensgeschichte Dinge noch einmal Revue passieren lassen und sieht sich plötzlich wieder mit der Vergangenheit konfrontiert. Aber am Ende des Tages habe ich festgestellt, dass es sogar eine großartige Art war, mein Leben aufzuarbeiten, die Vergangenheit hinter mir zu lassen und um neu durchzustarten.

Ob dieses Buch jemals eine andere Person lesen wird, weiß ich zwar noch immer nicht, aber ich bin mittlerweile davon überzeugt, dass jeder, der es nicht liest, etwas verpasst. Nämlich ein paar Stunden in ein Leben einzutauchen, das bestimmt nicht immer einfach und lustig war, aber dennoch absolut authentisch und lebenswert ist...

DER TITEL

Einen passenden Titel zu finden, war mitunter eines der schwierigsten Dinge. Das Buch war schon fertig geschrieben und ich hatte noch immer keinen passenden Titel, der mich umhaute. Immer wieder mal beschäftigte ich mich mit der Frage nach diesem. Die Titelsuche gestaltete sich schwierig. Irgendwann hatte ich ein Shirt an, mit den Worten „je peux, je veux". Ich als Sprachgenie musste mich zuerst zurückerinnern an die gehassten Französischstunden. Irgendwas blieb dann aber doch von fünf Jahren Französischkampf in der Schule hängen. Ich fand es passend und optisch ansprechend. Der Haupttitel fiel mir ein paar Tage später plötzlich ein. Ich befand ihn für gut und heute glaube ich sogar, dass es keinen besseren Titel geben kann …

Bevor es nun losgeht, möchte ich noch kurz erwähnen, dass ich mit diesem Buch niemanden persönlich angreifen will. Ich möchte niemandem schaden oder mit diesen Offenbarungen jemandem etwas Schlechtes. Ich wollte überhaupt noch nie irgendeiner Person etwas Böses, auch wenn es ein paar durchaus so empfanden. Ich bin ein Mensch, der es nicht besser wusste und ausnahmslos immer so lange gab, bis er nicht mehr konnte. Ich habe mich oft von meinem Herzen leiten lassen und geliebt. So sehr geliebt, dass ich dabei vergaß, mich selbst zu lieben. Aufgrund der vielen persönlichen Dinge, die bestimmt kein gutes Licht auf die eine oder andere Person werfen werden, habe ich beschlossen, zum Schutz aller Beteiligten keine Namen zu erwähnen. Außerdem möchte ich noch festhalten, dass die Schilderungen von meinen Erinnerungen und Empfindungen nacherzählt werden und wie man bekanntlich weiß, gibt es immer zwei Seiten der Medaille. Ich wünsche ausnahmslos allen, dass sie glücklich sind oder noch werden. Alles, was passiert ist, habe ich selbst mit zu verantworten und hat mich zu dem Menschen gemacht, der ich heute bin …

LOS GEHT'S

Heute bin ich 32 Jahre, 89 Tage und 6 Stunden alt. In erster Linie bin ich gesund, ich habe einen fast 11-jährigen Sohn, der sich zum Glück ebenfalls bester Gesundheit erfreut, und wir sind glücklich. Ich wohne gemeinsam mit meinem Kind derzeit in Klagenfurt, in dem Bezirk, in dem ich aufwuchs, in einer 85-m^2-Mietwohnung. Zu diesem Ort hatte ich schon immer eine gute Bindung. Immer wieder zog es mich hier her. Meine Familie und engsten Freunde sind in der Nähe und auch mein Arbeitsplatz ist hier. Weil die Mietpreise in der Stadt sehr hoch sind, habe ich mir im Frühjahr eine Wohnung gekauft. Vor ein paar Tagen war ich das erste Mal in meinem mir selbst geschaffenen Heim.

In diesem Moment ist etwas Eigenartiges passiert. Als ich in meiner Wohnung stand, in die ich bald – es war der neunte Umzug in den letzten zwölf Jahren – übersiedeln würde, wurde mir bewusst, dass ich mich derzeit in einer Lage befinde, die ich nie wollte und mir definitiv so nicht gewünscht habe. Ich hatte mich immer anders gesehen mit 32 Jahren. Ich konnte mich nicht wirklich freuen, denn ich hatte mir mein Leben einfach gänzlich anders vorgestellt und plötzlich hatte ich das bedrückende Gefühl, DEN Zug verpasst zu haben. Das war auch der Punkt, wo ich gemerkt habe, dass sich schnellstmöglich etwas ändern muss – vor allem ich mich ändern muss. Denn der einzige Weg, etwas zu ändern, ist sich selbst zu ändern. Änderst du dich – ändert sich die Welt.

Warum, weswegen und wie es dazu kam, dass ich das Gefühl hatte, den Zug verpasst zu haben, versuche ich nun auf ehrliche, chaotische und lustige – kurz gesagt auf meine Art – zu beschreiben und wiederzugeben, denn es ist in den letzten 13 Jahren sehr viel passiert. Ich habe viel gewonnen, viel verloren, aber eines hat mir nie jemand nehmen können: am Ende des Tages alles mit Humor zu sehen und über mein Leben bzw. über mich zu lachen. Außerdem bin ich ein grenzenloser Optimist und versuche aus jeder Situation gestärkt hervorzugehen und etwas Positives zu erkennen.

Ohne diese Eigenschaften wäre ich wahrscheinlich heute nicht da, wo ich bin. Mit großer Wahrscheinlichkeit wäre ich sogar schon mehrmals von einem Hochhaus gesprungen.

Ich muss gleich vorwegnehmen, das ist natürlich nur eine blöde Ausdrucksweise. Es gab wirklich Zeiten, wo ich am liebsten gestorben wäre, diese Gedanken kurz gehabt habe, tief am Boden war, aber ernsthafte Selbstmordgedanken hatte ich nie bzw. hätte ich dafür nie den Mut aufgebracht. Dafür lebe ich viel zu gerne.

Aber eins nach dem anderen – beginnen wir vor 13 Jahren, im Jahre 2005. Die Schulzeit mit gerade mal bestandener Matura hinter mich gebracht, startete ich voller Zuversicht in den Sommer. Arbeitstechnisch war schon lange klar, dass ich als Versicherungstussi in einem kleinen Büro in meinem Heimatbezirk Vollzeit beginnen kann und werde. Diese Möglichkeit habe ich mir schon während der Schulzeit geschaffen, da ich schon Jahre lang als Aushilfe dort tätig war. Mittlerweile bin ich übrigens schon 18 Jahre in diesem Büro, soll heißen, eigentlich bin ich ein Mensch, der große Veränderungen nicht wirklich mag, und eine sehr sesshafte Person. Mein Sternzeichen, der Stier in mir, strebt außerdem permanent nach Sicherheit. Mein Liebensleben spiegelt diese Eigenschaften allerdings nicht so recht wider.

Jedenfalls, ich damals jung, motiviert, NAIV von hier bis zum Mond – träumte von der großen, wahren Liebe und dachte, die bisherigen Liaisons werden jetzt vergessen und es wird alles gut. Der Plan war ja auch gut – die Umsetzung – ausbaufähig.

DIE QUAL DER WAHL

Begonnen hat es in diesem Sommer 2005. Arbeitstechnisch war ja alles geritzt, wohnungstechnisch auch, denn ich war schon während der Schulzeit, mit 17 Jahren, von zuhause ausgezogen. Ich hatte mir eine kleine bezahlbare Wohnung im Nachbarsbezirk gesucht und mich dort auch sehr wohl gefühlt. Ich liebte es Eigenverantwortung zu übernehmen. Nie habe ich diese Entscheidung, so früh die Obhut meiner Familie zu verlassen, bereut. Somit war nur noch ein Thema offen, welches in die richtige Bahn gelenkt werden musste: DIE LIEBE. Liebestechnisch hatte ich zu diesem Zeitpunkt mehrere potenzielle Kandidaten, die zur Auswahl standen, um eine „richtige" Beziehung zu beginnen. Die erste richtige Beziehung, wohlgemerkt. Dazu muss ich erwähnen, dass ich davor noch nie eine geführt hatte. Ich vertrieb meine Zeit mit Männern, wo von Beginn an klar war, dass es in einem Drama enden würde. Ich verliebte mich prinzipiell in Männer, die mich nicht zu 100% wollten, bzw. mich dann erst wollten, wenn ich bereits das Interesse verloren hatte. Noch dazu passten mir die meisten Männer sowieso nicht, der eine war zu lieb, der andere zu doof, der nächste hatte eine schiefe Nase … Aus männlicher Sicht war es bestimmt nie einfach, mich zu überzeugen. Grundsatz war damals bestimmt: bescheuert & kompliziert – MEINS.

Aber um nun konkreter zu werden bezüglich der vorhin erwähnten Beziehungsanwärter: Es gab damals drei Männer. Nummer 1 war nach fast zwei Jahren ganz unerwartet wieder in mein Leben getreten. Zwei Jahre davor war ich nämlich für drei Wochen mit der Schule in

Schottland gewesen. Wie sollte es anders sein, habe ich dort den wohl süßesten Schotten kennengelernt. Ich kann mich noch ganz genau erinnern: seine zerzausten, blonden Haare, sein schmaler Mund und seine schönen, funkelnden Augen, man musste ihn einfach mögen. Und wenn er sprach – mit seinem sympathischen Akzent – flogen die Herzchen nur so vor meinen Augen. Ich hatte mich verliebt, obwohl ich mir wirklich oft schwer getan habe ihn zu verstehen. Auch manche Aktionen seinerseits, betrunken die Regenrinne in der Nacht zu erklimmen, um in mein Zimmer zu gelangen und somit Lehrer, Mitschüler und mir den Schlaf zu rauben, änderten nichts an den Schmetterlingen im Bauch. Seinem Charme konnte ich nicht widerstehen. Meine Begleitpersonen waren weniger von ihm angetan, aber auch die Standpauke der Professoren nahm ich, in meiner Verliebtheit, sehr gelassen hin. Der Blick, als ich ihm einen Kaiserschmarrn gekocht hatte, war zwar unvergesslich, aber schreckte mich ebenfalls keineswegs ab. Trotz kulinarischer und sprachlicher Differenzen fuhr ich nach Ende unseres Aufenthaltes zu Tode betrübt nach Hause. Nach einem weinenden Abschied, einem Haufen Geschenke und vielen Küssen saß ich im Flugzeug auf dem Weg nach Österreich. Durch den Abschiedsschmerz war ich komplett neben der Spur und die Heimreise wurde zur Herausforderung. Nicht ganz bei Sinnen gab ich am Flughafen in London das falsche Flugticket ab und hatte dadurch in Wien nur noch ein Ticket zur Hand, das von London nach Wien. Ich sah mich schon verlassen von allen, meinen Mitschülern, meinen Lehrern und natürlich meinem Liebsten, in Wien sitzen. Warum es damals so schlimm war, dass ich heulend am Flughafen saß, kann ich gar nicht mehr sagen, ich war ja immerhin schon in Österreich! Mich mit Liebeskummer muss man eben nicht verstehen. Nach einer gefühlten Ewigkeit durfte ich dann doch noch in die Maschine einsteigen und eine Stunde später war ich wieder zurück in Klagenfurt.

Mein Schotte und ich hatten dann tatsächlich täglich Kontakt. Entweder über SMS, Anrufe oder auch ganz altmodisch schrieben wir uns Briefe. So viele Liebesbriefe habe ich von überhaupt sonst niemandem bis dahin bekommen und schon gar nicht so entzückende. Jedenfalls ging das gut zwei Monate so und wir haben damals ernste Pläne geschmiedet, sofern das mit 17 möglich ist, wie er nach Klagenfurt kommt, in Österreich leben kann und wird und, und, und … Doch es sollte alles anders kommen – wie so oft in meinem Leben –, ganz anders …

Es war geplant, dass er am 30. November in meiner Stadt ankommen würde. Ich hatte meine Mutter seelisch darauf vorbereitet, dass wir ab dann einen Mitbewohner haben würden. Mit dem Argument, sie hätte nun endlich eine Aussicht auf einen Schwiegersohn, konnte ich sie für den Familienzuwachs begeistern. Mein Umfeld belächelte mich anfangs noch, doch als der Zeitpunkt des Wiedersehens und meine Vorfreude und Aufregung mit jedem Tag stiegen, fingen auch die letzten Kritiker an zu verstummen. Kurz vor seiner geplanten Anreise habe ich versucht, ihn zu erreichen, allerdings kam keine Antwort. Nicht an diesem Tag, nicht am nächsten Tag und auch nicht am übernächsten Tag. Ich schrieb Mails, Briefe, und probierte es noch ein paarmal telefonisch – aber er meldete sich nicht mehr. Ich war traurig, ich verstand die Welt nicht mehr und plötzlich waren alle Briefe, alle Anrufe, alle Worte nicht mehr glaubhaft. Damals sah ich es auch als Entscheidung gegen mich, ich grübelte, was ich falsch gemacht hatte, warum er mich plötzlich nicht mehr mochte, und ich zweifelte an meiner Wertigkeit. Jeden gesagten Satz zerteilte ich in einzelne Wörter und versuchte sie zu analysieren, um den Schmerz besser zu ertragen. Um die Abneigung nicht zuzulassen, redete ich mir ein, es hätte sowieso keinen Sinn gemacht, wegen der Entfernung. Verstanden habe ich es aber nicht. Ich verstand nicht, wie ich mich so täuschen konnte. Was war passiert, dass diese zwar kurze, aber intensive Verbindung von einem auf den anderen Tag vorbei war? Was war geschehen, dass ich es ihm nicht mal mehr wert war, es zu beenden? Warum war ich es ihm nicht wert – diese Frage beschäftigte mich noch lange.

Das Leben ging natürlich weiter – ich war immerhin damals erst kurz vor meinem 18. Geburtstag. Außerdem war ich beschäftigt damit, in meine erst eigene Wohnung zu ziehen, mit der Arbeit und mit der Schule. Männer kamen und gingen – bzw. wurde die Zeit mit alten Liebeleien überbrückt. War auch nicht sonderlich schwer, auch wenn ich nie eine wirkliche Beziehung bis zu diesem Zeitpunkt hatte, an der Nachfrage lag es bestimmt nicht.

Eine gewisse Anziehung habe ich schon immer auf Männer gehabt. Ich habe mich oft gefragt, woran es liegt, aber ich glaube, dass meine fröhliche, „potschate“, aufgedrehte Art und mein loses Mundwerk einen großen Teil dazu beitragen. Oder vielleicht auch, weil Gott mir ein viel zu schönes Gesicht schenkte, wobei er dies mit einem viel zu großen Hintern wieder kompensiert hat.

Man weiß es nicht genau, aber eigentlich auch irrelevant. Es ist einfach so, es funktioniert und über funktionierende Dinge braucht man sich bekanntlich ja keinen Kopf zu zerbrechen.

Nun aber wieder zurück zum Sommer 2005: Kurz bevor ich auf Maturareise fuhr, erhielt ich einen Anruf. Ich war gerade bei meiner Freundin, in ihrer Maisonettewohnung, in der Innenstadt, und wunderte mich über die unterdrückte Nummer. Damals war ich noch ohne Furcht und habe bei jeder Telefonnummer abgehoben. In der heutigen Zeit, wo Weltbild, Wenatex und Co dich ständig kontaktieren und mit irgendwelchen Angeboten quälen, habe ich mir das abgewöhnt. Kommt wahrscheinlich mit dem Alter und der Erfahrung. Auf alle Fälle hob ich ab und konnte nicht glauben, welche Stimme ich hörte. Ich war wie versteinert, als eine zarte Stimme sagte: „Emilia, how are youuuuuuuuuuu?“ Diesen Akzent, diese Stimme konnte man nicht nicht erkennen. Das Gespräch dauerte nicht allzu lange, aber ich erfuhr, zwischen dem ständigen „I am so sorry“-Gestammel, endlich den Grund für den damaligen Kontaktabbruch. 1,5 Jahre später! Doch plötzlich hatte ich ein schlechtes Gewissen und musste mir selbst eingestehen, dass es absolut nichts mit mir zu tun hatte und ich mich selbst umsonst für wertlos gehalten hatte. Seine Mutter war überraschend gestorben und dies war ein so einschneidendes Erlebnis, dass er seinen Job kündigte und sich auf Weltreise begab, um wieder einen klaren Kopf zu erhalten. Das ständige „miss you“ und „I was thinking of you all the time“ habe ich anfangs einfach überhört. Von einer Sekunde auf die andere war er wieder in meinem Leben und ich wusste nicht so recht, ob ich lachen, weinen oder auflegen sollte. Ich habe mir vorgenommen, mir alles ganz genau erklären zu lassen und so vereinbarten wir, den Kontakt wieder aufzunehmen. Auch wenn ich mir in meinem Leben oft vorkam, als wäre ich „Mutter Theresa“, in diesem Fall war klar: Ein Anruf allein würde nicht ausreichen, um zu verzeihen und dort wieder anzufangen, wo wir aufgehört hatten. Ich weiß, dass seine Mutter für ihn der wichtigste Mensch war und dass er eine Auszeit brauchte, war jetzt nachvollziehbar, aber sich so lange nicht zu melden und mich in Ungewissheit zurückzulassen, ohne auch nur eine kleine Nachricht zu senden, war dennoch unverständlich. Aber es war ein erster Schritt und wir haben dann wieder begonnen, regelmäßig voneinander zu hören ...

Kommen wir zu Nummer 2. Ein paar Wochen später war ich mit Freunden in Kroatien auf Urlaub – und wie es so sein sollte, fand mich der Kellner in der Ortsdisco, in der wir mehr Stunden als am Meer verbrachten, sehr interessant. Wir haben ein Date vereinbart, am Nachmittag, außerhalb des Lokales inklusive unserer persönlichen Dolmetscherin, meiner Freundin. Wir haben erstaunlicherweise auch tatsächlich ein gutes Gespräch geführt. Trotz der etwas eigenen Dreierkonstellation war es ein gutes Date. Nach ein paar weiteren Treffen fuhr ich eine Woche später mit einem kroatischen Wörterbuch und seiner Nummer in der Tasche wieder heim. Nr. 2 hat mich damals schon nach Kroatien übersiedeln gesehen. Er schrieb mir täglich Nachrichten, die ich dann nur mit Hilfe von Google-Übersetzer bzw. meiner Freundin verstand. Trotz meines festen Entschlusses, kroatisch zu lernen, war es wirklich mühsam. Aber ich war von ihm angetan, somit blieb mir nicht viel übrig.

Last but not least – Nummer 3: Kennengelernt habe ich ihn über meine Mutter – seither weiß ich: Auch Mütter wissen nicht immer, was das Beste für einen ist. Jedenfalls war es bei ihm anders, als bei den anderen Beiden. Ich habe ihn anfänglich nicht gemocht und mich ernsthaft gefragt, warum meine Mutter diesen Menschen mag, Zeit mit ihm verbrachte und ihn auch noch in unsere Familie involvierte. Diese Tatsache hat sich dann aber ganz schnell geändert. Er war um einiges älter und reifer, trotzdem jung geblieben, hatte Charme und ich fing an, mich gut mit ihm zu verstehen. Er hat mir zugehört, mich ernst genommen und anscheinend hat ihn mein anfängliches Desinteresse dazu ermutigt, mir den Hof zu machen. Diese Tatsache genoss ich.

So stand ich dann da, zwei Monate davor war männertechnisch tote Hose und dann plötzlich, wie aus dem Nichts – drei Männer! Ich hatte die Qual der Wahl. Der kroatische Kollege war gleich mal auf dem Abstellgleis gelandet. Diese Entscheidung war relativ einfach. Immerhin hatte mich die Lust, kroatisch zu lernen, schnell verlassen und ich fuhr schon immer lieber nach Italien in den Urlaub. Bei den anderen zwei Männern war es nicht so einfach, aber wie es eben oft war, habe ich auf mein Bauchgefühl gehört, das war vermutlich nach der hundertsten Diät etwas abgelenkt …

MEIN BAUCHGEFÜHL UND ICH

Ich und mein Bauchgefühl hatten schon immer ein schwieriges Verhältnis. Immer wenn ich auf mein Bauchgefühl gehört habe, endete es früher oder später in einer Katastrophe. Den Satz – hör auf dein Bauchgefühl – ignoriere ich schon lange, denn ich und mein Bauchgefühl haben ernsthafte Kommunikationsprobleme. Aber zum damaligen Zeitpunkt war mir das nicht bewusst. So kam es und ich entschied mich damals für Nummer 3. Ich habe dem Schotten einfach nicht verzeihen können, die Enttäuschung war zu groß und es hat wohl auch die Angst mitgespielt, einfach wieder ohne Vorwarnung alleine dazustehen. Außerdem waren mir die Entfernung und die damit entstehenden Komplikationen einfach zu anstrengend. Welche Auswirkungen das haben würde und welche Konsequenzen diese Entscheidung mit sich zog, konnte ich damals noch nicht im Geringsten erahnen.

DER BEGINN einer LIEBE

Wie gesagt, mit Nummer drei habe ich mich dann öfter getroffen und wir waren anfänglich gute Freunde, diese Freundschaft wurde gleich mal mit einer gemeinsamen WG vertieft. Er war damals gerade auf Wohnungssuche, brauchte dringend eine Wohnung und ich dachte mir: „Naja, wird schon schief gehen." Schnell ist dann aus der gemeinsamen WG und einer sogenannten Freundschaft PLUS ein gemeinsames Leben und eine Beziehung entstanden. Nach den anfänglichen Punkten, die geklärt werden mussten (will er Kinder? kann er kochen? was erwartet er von einer Beziehung?) waren wir wirklich sehr glücklich. Ich war glücklich. Ich hatte einen Freund, mit dem ich viel lachen konnte, mit dem ich Unternehmungen machen konnte, und ich hatte zwei gutbezahlte Jobs, die mir Spaß bereiteten. Ich war ja in einem Versicherungsbüro angestellt und außerdem half ich in einer Kneipe aus. Er arbeitete in demselben Lokal, allerdings nur abends. Wir sahen uns daher nicht sehr oft, obwohl wir gemeinsam gewohnt und auch hin und wieder gemeinsam Dienst hatten. Die Zeit, die wir miteinander verbrachten, war interessant, lustig und spannend. Nicht so spannend war es, wenn ich mit gekochtem Essen um zwei Uhr nachts auf ihn wartete, bis er von der Arbeit nach Hause kam, um wenigstens etwas Zeit gemeinsam verbringen zu können und er dann mit Stammkunden bis fünf Uhr früh unterwegs war. Da habe ich ihm öfter schon im Gedanken einen Nudeltopf an den Kopf geworfen. Meistens bin ich dann aber irgendwann erschöpft eingeschlafen und somit blieb es dem Nudeltopf erspart.

Die Tatsache, dass ich kurze Zeit später erfahren habe, dass er eigentlich nicht elf Jahre, sondern nur zehn Jahre älter war – er somit mit seinem Alter gelogen und einen Haufen Schulden hatte –, schreckte mich auch nicht weiter ab. Außerdem war es da schon zu spät – wir wohnten ja schon zusammen und ich hatte ihn schon in mein Herz geschlossen.

Da die gemeinsame Zeit begrenzt war, haben wir uns oft Nachrichten, Briefe und Botschaften geschrieben. Wie gesagt, es war wirklich schön, auch die Einführung in meine Familie und in meinen Freundeskreis ging rasch. Außer ein paar Bedenken am Anfang in der Familie lief alles ohne große Komplikationen. Er wurde akzeptiert. Ich fand es toll, dass er von allen so herzlich aufgenommen wurde und sich mit allen verstand. Außerdem ging er ebenfalls gerne überall mit. Sein größter Fan war wohl meine Großmutter. Wenn wir sie besuchten, war ich abgeschrieben. Sie bügelte freiwillig seine Sachen, hier ist zu erwähnen, dass sie meine Sachen seit meinem zwölften Geburtstag nicht mehr bügelte. Auch der Kaffee stand schon inklusive Zucker und Milch am Tisch bereit, da hatte er noch nicht mal seine Schuhe ausgezogen. Er war ein Mann, der überall beliebt war. Er wurde gemocht und die Tatsache, dass er drei Kinder hatte, zehn Jahre älter war und ein paar Schulden mit sich rumschleppte, wurde durch seine offene, herzliche Art schnell vergessen. Ich wusste damals nicht mal ansatzweise, was diese Tatsachen bedeuten würden und was somit auf mich zukommen sollte. Ich bin in meinem Beziehungsdenken sehr altmodisch. Ich glaube daran, wenn die Liebe stark genug ist, gibt es nichts, was diese Liebe ernsthaft gefährden kann. Die Liebe vielleicht nicht, aber das gemeinsame Leben durchaus. Meine naive, hoffnungslos unrealistische Art und meine Worte, „das geht schon alles“, haben mich glauben lassen, wir schaffen alles mit links. Im Nachhinein wäre es klüger gewesen, ich wäre irgendwann mal nach links abgebogen, statt stur gemeinsam geradeaus zu gehen. Diese Weisheit bringt heute aber wahrscheinlich auch die Erfahrung und das Alter mit sich. Zu diesem Zeitpunkt gab es die Option aufgeben einfach nicht.

KNUT

Die Zeit verging schlagartig schnell, wir unternahmen viel und es war bereits kurz vor Weihnachten. Wir waren bereits seit mehreren Monaten liiert. Auch seine Kinder hatte ich schon kennengelernt und in regelmäßigen Abständen waren sie bei uns zu Besuch. Sie brachten richtig Leben in meine Single-Wohnung. Es lief zwar etwas holprig mit der Kindsmutter, aber es lief. Um die Weihnachtszeit waren wir gerade mit meiner Mutter in Wien, als ich mich über Übelkeit beschwerte. Ich dämpfte meine Zigarette aus, die mir plötzlich überhaupt nicht mehr schmeckte. Meine Mutter ahnte sofort, was los war. Nur ich hatte keine Ahnung. Einen Schwangerschaftstest später kannte ich auch das Übel des Problems. Ich war schwanger, überhaupt nicht geplant, und heute weiß ich ehrlich gesagt gar nicht mehr, wie es dazu kam. Klar, Sex hatte ich schon, aber ob ich die Pille vergessen hatte, gar keine genommen hatte oder diese aus unbekannten Ursachen nicht gewirkt hat, kann ich heute nicht mehr sagen. Definitiv sagen kann ich nur, es war nicht beabsichtigt und keinesfalls geplant. Es war sogar ein großer Schock im ersten Moment. Klar wollte ich Kinder – sogar immer schon zeitnah – aber bitte doch nicht nach so kurzer Zeit, jetzt, gleich, sofort und nach einem halben Jahr. Wir waren uns aber relativ rasch einig, dass wir das Kind bekommen werden. Nach dem anfänglichen Schock habe ich mich auch richtig gefreut. Ich war voller Tatendrang, mich auf mein neues Leben als Mutter vorzubereiten. Wir wohnten zu diesem Zeitpunkt noch immer in meiner ersten Wohnung. Sie war 45m² groß und reichte durchaus für zwei Personen, aber mit Kind zu klein. Wir haben sofort beschlossen, eine neue Wohnung muss her. Schneller als geplant war diese gefunden und es wurde auch schon gesiedelt. Retour in die alte Umgebung, neben der Arbeit, neben der Familie. PERFEKT. Die Wohnung war neuwertig, groß, schön und es lief alles wie am Schnürchen. Dass die Kinder von meinem Freund in der gleichen Siedlung wohnten, sahen wir als absoluten Vorteil. Dass ich alle Kosten übernahm für Einrichtung & Co, da mein Freund dafür zu diesem Zeitpunkt einfach kein Geld hatte, war auch nicht weiter tragisch. Wir waren glücklich und das zählte.

Als die Siedelei vorbei und ich eigentlich nur noch beschäftigt damit war, mich auf die Schwangerschaft zu konzentrieren, bekam ich in der Firma immer öfter mal Blutungen. Diese hatte ich in den ersten Wochen schon und war somit Stammgast beim Frauenarzt. An einem stressigen Arbeitstag bekam ich erneut Blutungen. Ich habe Hals über Kopf den Arbeitsplatz verlassen und bin zum Arzt. Als dieser mich untersuchte, waren diesmal leider keinerlei Herztöne mehr zu hören. Für mich brach in diesem Moment eine Welt zusammen. Ich konnte die Worte vom Arzt gar nicht mehr richtig hören und verstehen. Ich kann mich nur an Bruchteile erinnern: „Keine Herztöne, Krankenhaus, Curettage.“ Ich begann bitterlich zu weinen und wurde von der Empfangsdame rührend getröstet. Tränenüberströmt und verloren verließ ich die Praxis und machte mich auf den Nachhauseweg.

Ich rief damals gleich meinen Freund an und erzählte ihm, was passiert war. Ich war ja eigentlich schon über den Berg – 14. Woche – sehr untypisch für eine Fehlgeburt. Warum so spät? Wo wir bereits eine neue Wohnung hatten, auf die ich mich schon freute. Ich hatte mich in ein paar Monaten schon mit dem Kinderwagen die Gegend unsicher machen sehen. Sofort bekam ich Schuldgefühle, da ich beim Umzug ein paar Wochen zuvor nämlich ein paar schwere Kisten gehoben hatte.

In der nächsten Zeit sah ich nur Kinderwagen, schwangere Frauen und Babys. Es hat gedauert, bis ich den Verlust verkraftet hatte, auch wenn ich mir immer wieder einredete, dass es für etwas gut war, es nicht sein hätte sollen, ich noch jung war, ließ mich das Gefühl, dass ich selbst dafür verantwortlich war, lange nicht los. Ich wusste bis zu diesem Zeitpunkt nicht, dass der Verlust eines so kleinen Wesens, das noch nicht mal auf der Welt war, so schmerzlich sein kann. Ich wollte damals nicht sofort wieder schwanger sein – es war doch gar nicht geplant, aber der Wunsch nach einem Kind wurde ab diesem Zeitpunkt schlagartig präsenter, klarer und ausgeprägter. Die Tatsache, dass in dieser Trauerphase die Ex-Freundin und Mutter der Kinder meines Freundes mir täglich über den Weg lief und mir Sachen sagte wie, „sei FROH, dein FREUND will ja eh kein Kind mit dir", war wahrscheinlich auch nicht sehr förderlich.

Wirklich Abschied nahm ich, als ich ein Ultraschalbild von dem ungeborenen Kind in einen Fotorahmen tat und ihm den Namen Knut schenkte. Dieses Bild stand sehr lange neben meinem Bett, es half mir, mit der Sache abzuschließen. So habe ich auch langsam aber sicher wieder zu mir gefunden, der Schmerz wurde bald erträglich, die Tränen trockneten und ich konzentrierte mich auf mein derzeitiges Leben, meine Beziehung, meine Freunde und meine Arbeit. Ich hörte auch auf, mir die Schuld zu geben. Außerdem gab es ja schon drei Kinder, die mir alle 14 Tage gezeigt haben, wer das Sagen im

Haus hat und wie anstrengend so ein Alltag mit Kindern sein kann.

KINDER

Apropos Kinder. Als ich in der Kennenlernphase von den Kindern erzählt bekam, dachte ich, es sei ein Klax. Ich liebe ja Kinder, warum sollten Kinder da ein Problem darstellen? Ich ahnte nicht annähernd, was mich erwarten würde. Schnell holte mich aber die Realität ein, so war es auch, dass es von Beginn an Probleme mit der Kindsmutter gab. Es war teils sehr belastend, aber ich bemühte mich, gute Miene zum bösen Spiel zu machen. Doch die Schwierigkeiten wurden nicht – wie erhofft – mit der Zeit weniger, im Gegenteil. Je mehr die Kinder mich mochten, desto schwieriger wurde es. Es ging so weit, dass ich mich bei zufälligen Begegnungen beschimpfen lassen musste und die Kinder mich nicht offiziell grüßen durften.

Plötzlich war der gemeinsame Hof der reinste Alptraum. Die Kinder mochten mich, klar, ich beschäftigte mich ja intensiv mit ihnen, wenn sie am Wochenende bei uns waren. Ich druckte Malvorlagen und Bastelanleitungen im Internet aus. Ich suchte Ausflugsziele und kaufte oder besorgte Spielsachen. Das Problem war, dass je lieber die Kinder bei uns waren, desto mehr die Eifersucht der Mutter zunahm. Heute kann ich es besser verstehen, aber damals dachte ich nur, dass die „Alte“ einen an der Klatsche hat. Ich bin davon überzeugt, dass, wenn ich damals anders darauf reagiert hätte, alles anders abgelaufen wäre. Änderst du dich, ändert sich ALLES. Sie war sicher etwas verbittert, drei Kinder alleine großzuziehen und mitanzusehen, dass der Ex-Freund und Kindsvater plötzlich ein funktionierendes Leben hatte – das kostete sie sicher viel Groll.

Nach außen führten wir eine gute, solide Beziehung, Geldprobleme waren ade, wenn auch nicht ganz geregelt und „ihr Mann“ lebte plötzlich ein normales Familienleben und bemühte sich. Noch dazu mit einer zehn Jahre jüngeren Frau. Das war für sie bestimmt verletzend. Zugegebenermaßen fehlte mir damals der Weitblick, ich hinterfragte die Taten und Entscheidungen von ihr nicht, ich versetzte mich zu wenig in ihre Lage und mir fehlte natürlich auch das Hintergrundwissen. Die Erklärung für mich war klar – Eifersucht und Dummheit. Jemand, der noch nicht in so einer Situation war, kann sich gar nicht vorstellen, wie belastend die Situation für mich war. Wochenenden wurden nicht eingehalten, die Kinder wurden mit dem schrecklichsten Klamotten zu uns geschickt und nach jedem Besuch gab es einen Anruf mit zicg utopischen Beschwerden. Geschenke von uns wurden zerstört. Jedes Wort wurde analysiert und mir als Vorwurf an den Kopf geknallt. Bei jeder Handlung wurde mir Berechnung oder Bösartigkeit unterstellt. Es ging so weit, dass ich keinen richtigen Spaß mehr an den Wochenenden hatte, durch die permanenten Beschuldigungen war die anfängliche Leichtigkeit verschwunden. Den Höhepunkt erreichten diese Machtspielchen mit der Anschuldigung, ich hätte die Kinder geschlagen. Nach diesem Vorwurf war klar, dass die Kinder nicht weiter zu uns kommen konnten. Der Kontakt war sowieso einmal besser, einmal schlechter, aber ab diesem Zeitpunkt mal auf Eis gelegt. Ich vertrat in dieser Sache klar meinen Standpunkt und stellte ein Ultimatum. Die Kinder weiterhin unter diesen Voraussetzungen sehen oder ICH!

Ich musste ja sogar beim Jugendamt antanzen und solche Vorwürfe waren einfach zu viel. Mit dem Jugendamt wollte ich schon gar keine Berührungspunkte, auch in der weisen Voraussicht, dass ich ja selbst einmal Kinder haben werde. Zum Glück musste ich diesbezüglich keinen Beziehungsstreit in Kauf nehmen, denn er war auf meiner Seite und entschied sich ohne zu zögern für mich.

Wir fuhren danach in den Urlaub. Zwei Wochen Kreta – Seele baumeln lassen und nicht an zu Hause denken, um die letzte anstrengende Zeit, die natürlich auch für die Beziehung eine enorme Belastung war, hinter uns zu lassen. Es war ein wirklich wunderbarer Urlaub. Wir fuhren die ganze Insel ab, hatten nette Urlaubsbekannte gefunden, ein schönes Hotel, traumhaftes Wetter und so viel Spaß, wobei das auch oft an mir lag. Meine potschate Art sorgte bei diesem Urlaub sicherlich für Unterhaltung: Wenn ich nicht gerade die Taucherbrille verkehrt aufhatte, schnorchelten wir. Wenn ich nicht gerade 20 Minuten gebraucht hatte, um von einem Minifelsen zu springen, schwammen wir im Meer. Wenn ich nicht nach 80 km mit dem Rad weinend vor lauter Unterzuckerung vom Rad fiel, keinen Schritt mehr gehen konnte und getragen werden musste, erkundeten wir den südlichsten Punkt auf Kreta, und wenn ich dem Tauchlehrer besser zugehört hätte, hätte ich es vielleicht auch ein paar Meter unter Wasser geschafft und wäre nicht permanent beim Tauchen im Pool(!) an der Wasseroberfläche verharrt. Spätestens da war klar, der nächste Jacques-Yves Cousteau werde ich bestimmt nicht.

Den dreißigsten Geburtstag von meinem Freund feierten wir auch im Urlaub, mit netten Holländern, es war ein legendärer Abend. Die Zeit verging viel zu schnell. Aber es tat uns wirklich sehr gut und wir kamen uns wieder emotional näher. Allerdings hatte uns nach der Heimkehr das Leben schneller wieder eingeholt als geplant. Meine Oma lag unerwartet im Sterben. Da meine Oma und mich – auch wenn wir bestimmt unsere Differenzen hatten – ein sehr inniges Verhältnis verband, war ich sehr betroffen. So war es für mich zum Beispiel auch das traurigste Weihnachten, das einzige Weihnachten, welches ich als Kind ohne sie verbringen musste. Sie war bei ihrer Schwester in Australien. Wir, mein Bruder und ich, sind mit Oma groß geworden. Wir haben mit ihr unter einem Dach gelebt und wenn die Eltern gearbeitet haben, war sie eben da für uns.

Zurück aus dem Urlaub musste ich ans Sterbebett und wusste damals, dass dies wohl nicht gut ausgehen würde. Ich verstand es nicht, da sie ja, als ich wegfuhr, noch quietschvergnügt war. Ok, hier ein Zwacken, da ein Zwicken – aber doch nicht todkrank. Es dauerte noch drei Tage, alle, abgesehen von meiner Cousine, waren schon im Krankenhaus und als auch die Letzte von uns noch den Weg ins Krankenhaus schaffte, machte sie ihre letzten Atemzüge. Ich war damals im Krankenhaus und werde die sogenannten Totenflecken wohl nie vergessen. Sie sah trotzdem sehr friedlich aus, als würde sie schlafen. Genauso sah ich sie oft im Schaukelstuhl sitzen mit dem einzigen Unterschied, sie schnarchte nicht. Ich behielt mir diesen Anblick in Erinnerung.

Lange Zeit ging ich nicht auf den Friedhof. Ich wollte nicht zum Grab. Lieber zündete ich zuhause eine Kerze an und dachte so an sie, als wäre sie quasi lebenslang im Urlaub.

Viel Zeit zu trauern hatte ich aber so oder so nicht, denn das leidige Stiefkinderthema und die finanziellen

Probleme meines Freundes waren Sorgen, mit denen ich nun täglich konfrontiert war. Nachdem ich einmal von der Kindsmutter beim Müll ausleeren zutiefst beschimpft wurde, ging ich nach Hause, weinte und machte meinem Freund mehr als nur klar, dass wir ausziehen müssen und ich hier unter keinen Umständen glücklich werde. Das verstand er und wir begaben uns somit erneut auf Wohnungssuche. Zuerst war auch geplant, uns ein Eigenheim anzuschaffen. Rein rechnerisch wäre sich das allerdings nur mit Hilfe ausgegangen, somit haben wir diesen Plan gleich mal wieder aus den Augen verloren. Allerdings habe ich eine schöne, schnuckelige Wohnung am Stadtrand gefunden, erschwinglich und mit Garten. Im Winter 2006 stand das dann auch konkret fest. Da die Kinder zu diesem Zeitpunkt noch immer nicht zu uns durften, habe ich die Kleidung, Spielsachen und den Kinderkram schon in Kartons gepackt und zum Siedeln vorbereitet.

Im Juni bekamen wir die Schlüssel. Das leidige Thema Geld bzw. Schulden wurde auch endlich in Angriff genommen. Nachdem eines Tages der Exekutor vor unserer Wohnung stand und meinen Fernseher mitnehmen wollte, wurde das Thema Schulden auch zu meinem Problem. Ich war schockiert, denn mit solchen Dingen hatte ich bis dahin noch nie zu tun. Mir war das sehr peinlich und unangenehm. Ich forderte alle Unterlagen meines Freundes und verschaffte mir einen Überblick. Ich fühlte mich etwas, wie Peter Zwegat und meine neueste Mission hieß: RAUS AUS DEN SCHULDEN. Das große Erwachen blieb nicht lange aus. So viele unnötige Schulden wegen reiner Dummheit und Faulheit. Rechnungen von geringsten Beträgen wurden nicht einbezahlt und durch die Jahre zu enormen Beträgen, vier Handyverträge, vier Fitnessstudioverträge und 100 andere idiotische Dinge ließen schnell den Grund für die Schulden erklären. Mein Freund erkundigte sich auf mein Drängen hin damals erstmals bei einer Schuldnerberatung. Ich stellte einen Finanzplan auf und verwaltete mehr oder weniger sein Einkommen. Immer wieder führte seine laxe Art diesbezüglich zu Streit, aber ich sorgte dafür, dass ab diesem Zeitpunkt keinerlei Schulden mehr gemacht wurden. Außerdem wollte ich einen Exekutor nie mehr im Haus haben.

Die Beziehung war zu diesem Zeitpunkt schon etwas im Alltagstrott und durch die ständigen Probleme kam es auch immer wieder zu Reiberein, allerdings hielten sich diese in Grenzen, da wir uns schlicht und einfach nicht viel sahen. Ich arbeitete noch immer tagsüber und er nachts. Außerdem brachte uns jeder Streit oder jede neuerliche Herausforderung auch wieder ein Stück weiter zusammen.

FAMILIENMITGLIED

Zu Silvester waren wir bei meiner Großmutter stiefväterlicherseits eingeladen. Der Hund von meiner Oma hatte gerade Junge bekommen. Mein Großvater, der zu diesem Zeitpunkt schon gestorben war, dreht sich bestimmt heute noch im Grab um. Denn sein Hund – wohlgemerkt, eingetragener Dackel mit Stammbaum und Pipapo – wurde einfach von der Nachbarstöle geschwängert. Zu diesem Zeitpunkt hatte kurz mein etwas junge gebliebener Onkel mit bescheidenem Verantwortungsbewusstsein die Aufsichtspflicht, da die Großmutter ihre Tochter in Deutschland besuchte. Damals war mir schon klar, falls ich mal eine Tochter haben würde, die sich im gebärfreudigen Alter befindet, vertraue ich ihm mit Sicherheit mein Kind nicht an …

Lustigerweise hatte die braune, liebe Dackeldame sieben kleine, entzückende, kohlrabenschwarze Welpen auf die Welt gebracht, die eigentlich nicht sehr dackelmäßig aussahen.

Als wir an diesem Abend zu Besuch waren, waren die Hunde gerade mal 2,5 Wochen alt. Ich habe mich sofort in eine der Kleinen verliebt. Sie kam etwas tollpatschig auf mich zu und ich nahm sie in den Arm. Dort öffnete sie das erste Mal ihre Augen. Was soll ich sagen, ich gab sie nicht mehr her. Als sie dann noch in meinem Dekolleté saß, war‘s vorbei mit mir. In diesem Moment wusste ich, ab sofort sind wir Hundebesitzer.

Dabei wollte ich nicht mal einen Hund, zumindest erst in der Pension. Wir Kinder sind mit Hunden groß geworden und der Familienhund nervte mich sehr oft. Ich wusste somit, ein Hund schränkt ein, man benötigt immer einen Aufpasser, wenn man in den Urlaub fährt, 3x mindestens täglich Gassi-gehen – auch bei Regen und, und, und … Doch diese eigentlich vernünftigen Ansätze hatte ich in diesem Moment schlicht und einfach verdrängt.

Die Fehlgeburt war erstmals wieder Thema, als unser Neffe, kurz nach Jahreswechsel, das Licht der Welt erblickte. Ich freute mich für meine Schwägerin und meinen Schwager, aber es war ein bitterer Beigeschmack, denn eigentlich wäre unser Kind ja auch schon auf der Welt gewesen. Die Ansage meiner damaligen Schwiegermutter in spe, machte es wohl auch nicht besser – als ich kurz darauf im Spital bei unserem „frischgeborenen" Neffen zu Besuch war und sichtlich traurig schien: „Jetzt habt ihr bald einen Baby-Welpen zuhause, dann hast eh ein Baby und brauchst nicht traurig sein."

Aha, so ist das also.

Mit acht Wochen holten wir Susi, die schwarze Dackellady, die gar nicht wie ein Dackel aussah, nach Hause und ich hatte eine neue Aufgabe. Es war nicht nur eine Aufgabe, es war ein enormer Aufwand. Susi wollte einfach nicht stubenrein werden. Sie markierte geschätzte 1000 mal die Wohnung, selbst ihren Schlafplatz ließ sie nicht aus. Eigentlich hätte sie vom Sternzeichen auch Krebs sein können – Krebse sind sehr sensibel und leicht eingeschnappt. Wenn sie zu wenig Aufmerksamkeit bekam oder sich allein gelassen fühlte, gab es wieder eine neuerliche Trotzreaktion. Nach zwei Wochen Urlaub nahm ich sie mit in die Arbeit, wo sie dann der Bürohund wurde. Das funktionierte eigentlich sehr gut, aber erst nachdem sie auch das ganze Büro markiert hatte, fühlte sie sich dort heimisch. Man musste sich spätestens hier eingestehen, dass sie wohl nicht ganz dicht war.

Fast eineinhalb Jahre waren seit der Fehlgeburt vergangen und wir näherten uns auch wieder an das Kinderthema ran. Schließlich entschieden wir uns, es drauf ankommen zu lassen. Das Schicksal sollte entscheiden. Wir buchten kurzentschlossen, ohne weiter über das Kinderthema nachzudenken, einen spontanen Urlaub. So knapp vor dem Wohnungswechsel eine kurze Auszeit. Unsere Beziehung lief gut und wir waren davon überzeugt, dass es uns gut tun würde, und ein Urlaub vor dem Umzugsstress konnte nicht schaden.

DER ANRUF

Ein paar Tage vor der Abreise erreichte mich ein Anruf. Eine mir unbekannte Nummer. Seither habe ich übrigens, egal, wann mich eine unbekannte Nummer anruft, ein schlechtes Gefühl. Ich nahm den Hörer freundlich wie immer ab. Es war bis zu diesem Anruf ein guter Tag. Ich war alleine zuhause und mit Hausarbeit beschäftigt. An der anderen Leitung war eine Dame, die mich nur fragte: „Wie lange bist du mit deinem Freund nicht mehr zusammen?“

Ich war irritiert und verwundert und meinte nur, dass sie sich verwählt haben müsse. Ich war nicht getrennt, es läuft alles gut, wir wollten in ein paar Tagen in den Urlaub fahren und demnächst umziehen. Die Frau legte auf. Zuerst wusste ich nicht so recht, was ich tun sollte dann holte ich mir Ratschläge von meiner besten Freundin und meiner damaligen Schwägerin ein. Diese bestärkten mich, noch einmal die Nummer zu wählen. Dies tat ich dann auch und dann wünschte ich mir nur, dass alles nur ein Traum war, und ich betete endlich wieder aufzuwachen. Diese Frau teilte mir mit, dass mein ach so fantastischer Freund eine Affäre mit ihr hätte, seit neun Monaten, und sie ein Kind hätte, das zu ihm Papa sagen würde, sie schon oft in SEINER Wohnung war und sie der Meinung war, ich würde ausziehen wegen der vielen Umzugskartons. Die hellste schien sie nicht zu sein, wer würde schon Monate benötigen, um umzuziehen, aber er hatte sie einfach eingelullt, wie mich und viele davor auch. Aber NA BUMMM, mein familienfreundlicher, treuer Partner war scheinbar ein bisschen zu familienfreundlich. Ich konnte nicht glauben, was ich da hörte, aber als sie mir MEINE Wohnung beschrieb, bis auf das kleinste Detail, wusste ich, dass sie die Wahrheit sagen würde. Auch mein Auto kannte sie gut – besser als ich – wenn ihr wisst, was ich meine.

Sie wollte sich treffen. Ich war aber dafür nicht bereit. Ich war am Boden zerstört und es hatte mir den Boden unter den Füßen weggezogen. War alles eine Lüge? WARUM? WARUM? WARUM? Warum habe ich nicht gereicht, warum habe ich nichts gemerkt, warum zum Teufel hat er das gemacht? Warum hat er mit mir Zukunftspläne geschmiedet? Ich habe mich doch so bemüht und abgestrampelt? Ich habe versucht, eine „perfekte" Freundin zu sein, versucht, seine Schulden in den Griff zu bekommen, mich um die Kinder bemüht und dann das?

Die Konfrontation mit ihm war eine einzige Katastrophe. Anfänglich hatte er noch alles abgestritten und ist ausgezuckt, denn es war laut ihm bestimmt nur eine Verrückte, die ihm sein Glück nicht gönnen würde. Als er aber merkte, dass das neuerliche Lügen zwecklos war, fing er an zu weinen, schwor mir auf die Kinder, dass er nur mich liebte, schwächte alles ab und war wirklich schon etwas bemitleidenswert.

Ich brauchte Abstand. Er versprach mir den Himmel auf Erden und Heiratsanträge machte er im Stundentakt, wenn ich ihm nur eine Chance geben würde.

Er bettelte mich an, den Urlaub nicht zu stornieren. Nur diesen Urlaub! Ich überlegte und überlegte und konnte bestimmt keine klaren Gedanken fassen. Ich versuchte die letzten Jahre bis auf das kleinste Detail zu zerpflücken. Ich bemühte mich, mich an jede Sekunde zu erinnern. Ein paar Sachen wurden mir dann auch klar. Plötzlich wurde mir bewusst, dass sein Handy oft oder eigentlich ausschließlich verkehrt rum lag und nie alleine in der Wohnung zurückgelassen wurde. Mir fiel ein, dass der Autositz mal eigenartig eingestellt war, doch er hatte für alles einfach immer eine passende Erklärung, wie aus der Pistole geschossen. Für mich stand nur definitiv fest – diese Beziehung ist gescheitert. Ich nahm in kürzester Zeit acht Kilo ab und lief ferngesteuert wie ein Wrack durch die Gegend. Meine Familie stand hinter mir, auch wenn mein Stiefvater in meiner Anwesenheit erklärte, er könne nicht verstehen, wieso mein Freund es nicht besser gemacht hatte. Nämlich so, dass ich niemals davon erfahren hätte. Autsch, das war noch das sogenannte I-Tüpfelchen. Männer! Meine Schwiegermutter, machte es auch nicht besser. Als ich sie weinend anrief, um sie zu fragen, ob sie davon wusste, blockte sie das Gespräch ab und drehte es so, als wäre ich ein naives, dummes Ding, das sich irgendetwas einbildete. Auch als ich ihr mitteilte, dass ihr ach so toller Sohn schon längst seinen Fehltritt zugegeben hatte, war sie der Meinung, es sei alles nur ein Missverständnis. Spätestens zu diesem Zeitpunkt war die Beziehung zu den Schwiegereltern ebenfalls gescheitert. Dass ich sie erst nach sechs Monaten gemeinsamer Wohnung kennenlernen durfte, war dafür noch nicht ausreichend. Ich kam schon immer schwer mit der Art von ihnen zurecht. Alles war immer schön, Harmonie pur nach außen und wehe, man sagte seine eigene Meinung. Auch dass die Kindsmutter uns beschuldigte, die Kinder anzugreifen, führte nicht zu einem klaren Statement der Eltern, weil dies eventuell einen Kontaktabbruch oder einen eingeschränkten Kontakt zur Folge gehabt hätte. NEIN, die Eltern bestärkten die Kindsmutter noch, indem sie dort ein- und ausging, auch bei Festen. Ich weigerte mich nach solch einer Anschuldigung, Weihnachten oder Ostern zusammen zu feiern. Meine Schwiegereltern fanden das aber ganz normal und somit waren wir auch oft bei diversen Familienfesten nicht dabei, dafür eben die Ex.

Mich störte auch, dass sie offensichtlich Unterschiede zwischen den eigenen Kindern machten. Ich fand das ganz schrecklich. Ok, mein Schwiegervater war nicht der leibliche Vater meines Freundes und auch nicht der älteren Schwester, aber ich kreidete ihnen an, dass sie ihn dies so offensichtlich spüren ließen. Dafür sammelte ich selbstverständlich ebenfalls Minuspunkte. Ich als Gerechtigkeitsfanatiker konnte aber bei solchen Themen eben nicht still sein. Es kam nicht nur einmal vor, dass mein Freund traurig darüber war und seine ältere Schwester vor lauter Frustration, weinend mir ihr Leid klagte. Dieses Verhalten setzte sich übrigens weiter fort bei den Enkelkindern. Das „wahre" Enkelkind war nur das Kind der leiblichen Tochter von beiden. Über sonstiges eindeutiges Fehlverhalten, das lange vor mir geschah, darauf will ich hier besser gleich gar nicht eingehen.

Aber zurück zu meiner Verfassung damals. Ich nicht ganz bei Sinnen befand mich Tage später im Flugzeug auf dem Weg nach IBIZA. Ich dachte Urlaub würde mir guttun. Ich konnte ihm ja aus dem Weg gehen, wenn wirklich nötig, aber vielleicht konnte ich weit weg von daheim endlich die Gründe für sein Verhalten erfahren. Ich brauchte Antworten und habe gehofft, sie in diesem Urlaub von ihm zu bekommen. Ich hatte mehr erwartet, als ich schlussendlich bekam.

Es war ein scheiß Urlaub – eine einzige Katastrophe!!!!! Das Hotel war schlecht, die Gegend nicht sonderlich und vor allem der Mensch, mit dem ich dort war – nicht auszuhalten. Oft sind Wochen in meinem Leben schnell vergangen. In dieser Woche zogen sich diese sieben Tage wie Kaugummi und das, obwohl ich die Abende mit Bacardi-Cola verbrachte. Er weinte oft und entschuldigte sich, einmal wollte er sogar mit mir schlafen. Ich konnte aber nicht, weinend schob ich ihn weg und bat ihn, mich in Ruhe zu lassen. Als wir wieder im Flugzeug auf dem Weg nach Österreich waren, wusste ich – wir sind gescheitert. Ich kann, will und werde es nicht verzeihen. Antworten bekam ich übrigens auch keine – er konnte es schlicht und einfach nicht erklären. Zuhause angekommen, machte ich Druck wegen der neuen Wohnung. Diese war zwar schon unter Dach und Fach, musste aber abgesagt werden und er musste sich etwas Neues und vor allem eine NEUE suchen.

Nicht mal noch den Koffer ausgepackt, schmeckten mir plötzlich meine Zigaretten – die ich seit diesem Anruf quasi gegessen hatte – nicht mehr. Und mir war übel. OK, übel war es mir im Urlaub auch schon und Zigaretten schmeckten mir auch nicht sonderlich, aber bei meinem täglichen Bacardi-Cola-Konsum im Urlaub hatte ich schnell eine Erklärung dafür.

AHA-ERLEBNIS

Aber zuhause gingen die Alarmglocken an und ich befürchtete zu wissen was das heißt. Hat das Schicksal tatsächlich sofort zugeschlagen? Kann doch nicht sein? Nicht jetzt! Um Gewissheit zu haben und keine Zeit zu verlieren, war der nächste Weg zum Drogeriemarkt, um mir einen Schwangerschaftstest zu besorgen. Eigentlich hätte ich in den Jahren schon Rabatt auf Schwangerschaftstests bekommen müssen. Wie oft ich Angst hatte, obwohl ich auch richtig verhütet hatte. Schwanger zu sein, ist eigentlich unvorstellbar. Meine Tage bekam ich regelmäßig, aber es kam schon vor, dass es sich verschob – Stress oder eine Diät waren wohl die Gründe. Aber jedes verdammte Mal löste es in mir eine Panikattacke aus. Ich war so aufgeregt, als ich zuhause den Test in den Händen hielt, weil ich wusste, dass dieser Test die Richtung meines weiteren Lebens beeinflussen würde. Ich rauchte noch eine Zigarette, obwohl mir kotzübel war, und machte den Test. Keine zwei Sekunden nachdem ich gepinkelt hatte, sah ich schon das positive Ergebnis. Ich glaube, die meisten Frauen erleben in diesem Moment ein wunderbares Gefühl, aber für mich war dies beklemmend und es brach eine Welt zusammen. Es schnürte mir die Kehle zu. Ich wusste damals, eine Abtreibung kommt nicht in Frage. Auch wegen meiner Fehlgeburt. Heute sehe ich diese Sache wieder etwas entspannter, denn es ist besser, ein Kind nicht in die Welt zu setzen, als ein Kind auf die Welt zu bringen und diesem Kind nicht einen wunderbaren Start ermöglichen zu können. Ich kann heute Frauen oder Eltern verstehen, die sich klipp und klar gegen ein Kind entscheiden, und würde diese nicht verurteilen. Damals wäre es für mich nie in Frage gekommen. Auch wenn es vielleicht bestimmt einfacher gewesen und mein Leben definitiv anders verlaufen wäre, habe ich nie daran gezweifelt, dass ein NEIN zur Abtreibung die richtige Einstellung war. Auch nicht, wenn mein Kind mich an meine Grenzen gebracht hat und ich es in den berühmten Phasen manchmal gerne gegen die Wand geklatscht hätte. Was ich natürlich nie tat. Diese Entscheidung habe ich nie bereut, auch nicht, wenn mich neuerlich der Kindsvater in den Wahnsinn getrieben hatte. Wenn ich überhaupt etwas bereut habe, dann höchstens die Vaterwahl, aber diese Tatsache war vorbestimmt und war wohl ein wichtiger Lernprozess. Ich liebe mein Kind aus tiefstem Herzen und ich könnte mir ein Leben ohne es gar nicht mehr vorstellen. Immerhin ist mein Sohn der Mensch, der mir nie von der Seite wich und mich oft in schlechten Phasen aufgefangen hat. Er hat mir in all den Jahren Kraft gegeben, weiter zu kämpfen, nicht aufzugeben und nur ein einziges Lächeln von ihm hat mir ein schönes Gefühl vermittelt, egal, wie schlecht es mir ging.

Auch so „kurz" nach meiner Fehlgeburt kam der Gedanke an eine Abtreibung überhaupt nicht in Frage. Ich hatte aber dennoch die Wahl – entweder Kind alleine großziehen und somit von Beginn an alleinerziehend zu sein oder es zu versuchen, diesem Mann noch eine Chance zu geben. Versuchen zu verzeihen und dann womöglich ewig zusammen zu bleiben oder irgendwann später alleinerziehend sein. Ich bin eben ein hoffnungslos unrealistischer Mensch, der immer den Glauben an die wahre Liebe hat und hatte. Ich sah es damals als Schicksal, als Zeichen, so schnell schwanger geworden zu sein, und entschied mich für Möglichkeit Nummer zwei. Ich gab ihm noch eine Chance. Wie so oft in meinem Leben – anscheinend bin ich eine Chancenkönigin. Er machte mir Heiratsanträge, Liebesgeständnisse und gab sich Mühe. Da ich ein altmodischer Mensch bin, der an die Liebe glaubt und an das Gute im Menschen, habe ich gedacht, nachdem er gesehen hat, was er fast verloren hätte, würde er sich ändern. Hier wäre noch zu erwähnen, wenn ich in den letzten Jahren eines gelernt habe – man kann keinen Menschen ändern! Niemand kann eine andere Person ändern, nur man selbst kann sich ändern. Glaubt mir, ich habe es oft genug versucht.

Die Schwangerschaft war von Beginn an turbulent. Da ich in der 14. Woche wieder mit Blutungen beim Arzt saß und schon das schlimmste befürchtete, wurde ich sofort in Frühkarenz geschickt. In der Firma war das natürlich auch ein kleiner Schock. Vom einen auf den anderen Tag war ich weg. Meine Auszubildende musste ich zurücklassen und sie wurde ins kalte Wasser geworfen. Ehrlich gesagt hätte ich aber auch nicht mehr arbeiten können, bzw. wäre ich nicht gerade eine sonderliche Hilfe gewesen. Außer es zählt die reine physische Anwesenheit. Die neue Wohnung, die ja schon vor dem Urlaub fixiert war, bezogen wir nach der eindeutigen Entscheidung für unsere Beziehung nun doch. Da freute ich mich, endlich weg von der Kindsmutter, endlich Garten, neue Nachbarn und etwas ländlicher. Umziehen, wenn man schwanger ist, ist übrigens sehr empfehlenswert. Es war das entspannteste Siedeln, das ich jemals hatte. Diesmal hob ich nicht eine einzige Kiste.

BLITZEHE

Die Hochzeit, die nur drei Monate später auf der Tagesordnung stand, war für mich die logische Konsequenz. Kind, Hochzeit gehörten für mich damals unumgänglich zusammen, außerdem bildete ich mir ein, dass eine Ehe viel mehr ist und man sie niemals wegwirft und niemals so mit Füßen treten würde. Eine Ehe ist etwas Ernstes, seine Ehefrau betrügt man nicht. Habe ich schon erwähnt, dass ich sehr naiv war? Die Sehnsucht nach Sicherheit, nach der ich mich als stiergeborene Frau immer sehnte, war damit wohl auch gestillt.

Dass ich den Antrag, der wirklich mehr als schlecht war, annahm, war logisch, obwohl es wohl ein Heiratsantrag war, nachdem sich keine Frau sehnt. Ich wurde eines Abends ins Schlafzimmer zitiert und sah auf dem Bett ein Herz aus Socken (frischen, unbenützten Socken – immerhin etwas), er kniete sich hin und bat um meine Hand. Ich habe Ja gesagt, aber welche Frau würde beim Anblick von einem Sockenherz auch nein sagen?

Die Hochzeit fand Ende September statt. Ich war bereits im fünften Monat und meine Schwangerschaft war bis dahin alles andere als rosig. Ich übergab mich in jeder freien Minute, also in jeder Minute, in der ich nicht schlief. Ansonsten lag ich herum, schlief und war einfach träge. An manchen Tagen war ich so müde und kraftlos, dass ich gar nie aus dem Bett kam, außer aufs WC. Aber irgendwie lernte ich an diesen Tagen diesen Drang durchaus zu unterdrücken. Reine Kopfsache, kann ich sagen.

Am Tag meiner Hochzeit schaffte ich es zum Glück aufzustehen und mich zumindest für ein paar Stunden nicht zu übergeben. Es war ein schöner sonniger, warmer Herbsttag. Mit den engsten Familienangehörigen und den Trauzeugen. Ich managte unser ganzes Leben und das spiegelte sich übrigens auch am Tag unserer Hochzeit. Abgesehen davon, dass ich beinahe gänzlich alles allein organisierte, unterschrieb ich dann auch noch mit seinem Vor- und Nachnamen die Papiere. Gelächter hat es allemal gebracht und auch den eindeutigen Beweis, dass ich sehr oft für ihn Sachen erledigt hatte. Aber schieben wir das mal auf die Aufregung. Immerhin war es ein großer Tag und ich hatte die Einstellung und den festen Entschluss, nur einmal in meinem Leben zu heiraten.

Die Beziehung lief zu diesem Zeitpunkt besser als jemals zuvor und ich dachte mir damals wirklich, es musste so kommen. Ich musste diese traurige Phase durchleben, um endlich glücklich zu sein. Unser Kind hat unsere Beziehung gerettet und uns gänzlich zueinander geführt.

Natürlich absoluter Bullshit – kein Kind der Welt kann eine Beziehung retten. Höchstens das Ende hinauszögern, aber retten niemals.

In der Schwangerschaft ereigneten sich bis Dezember keinerlei weitere Vorkommnisse. Die üblich oben erwähnten Wehwehchen. Wir waren glücklich, die Wohnung tat uns gut, wir haben dort neue Freunde kennengelernt und uns sehr wohl gefühlt. Die Müdigkeit, der Brechreiz und das Sodbrennen, welches mich etwa im sechsten Monat heimgesucht hatte, blieben, aber ansonsten ging es mir gut und man lernt eben mit den Umständen zu leben. So war es nun ganz normal, dass ich, bevor ich das Haus verließ, kotzte, es war ganz normal, dass ich noch immer 15 Stunden schlief und es war auch ganz normal, dass ich plötzlich vier Polster zum Schlafen benötigte, damit ich das Sodbrennen zumindest etwas unter Kontrolle brachte. Auch meine neuen Freunde – RENNI-Tabletten – hatte ich immer bei mir.

Im Dezember ging es mir dann schlagartig wieder schlechter. Ich brach nun permanent und wusste mir nicht mehr zu helfen. Ich fuhr zum Arzt und wurde ins Krankenhaus gebracht. Ich war damals eineinhalb Monate vor dem errechneten Geburtstermin. Mein Mann wich mir nicht von der Seite. Ich musste allerdings über Nacht bleiben, da die Ärzte Angst hatten, ich bzw. das Baby könnten austrocknen. Ich bekam Medikamente und Infusionen und durfte einen Tag später wieder nach Hause. Einen Vorteil hatte das Ganze – ich nahm nur zwölf Kilo bis zur Geburt zu. Schlecht war nur, dass ich acht davon Jahre lang mit mir mitschleppte.

Wir verbrachten wunderbare Weihnachten zusammen und selbst für unseren ungeborenen Schatz waren schon Geschenke dabei. Ich hatte das Gefühl alle freuten sich mit uns und alles war gut geworden. Silvester verbrachten wir ruhig bei Freunden und starteten voller Zuversicht in ein spannendes neues Jahr. Happy End … oder doch nicht?

DER SCHOCK

Im Jänner, etwa eineinhalb Wochen vor dem errechneten Geburtstermin, wachte ich eines Morgens auf, ließ den Hund raus und wollte ihn zurückpfeifen. Plötzlich bemerkte ich, dass ich ihn nicht zurückpfeifen konnte. Irritiert rief ich nach meinem Mann. Ich fragte ihn, ob irgendetwas anders an mir sei? Sein Gesichtsausdruck versicherte mir, dass irgendwas nicht stimmte. Ich lief ins Bad, sah in den Spiegel und bemerkte, dass meine linke Gesichtshälfte wie gelähmt war. Egal, was ich machte, nur die rechte Seite bewegte sich. Ich war wie versteinert und hatte panische Angst. Wir fuhren sofort zur Hausärztin. Ohne zu zögern schickte sie mich in die Neurologie ins Krankenhaus. Sie meinte, dies könnte ein Anzeichen für einen Schlaganfall sein. Ich war erschüttert. Diesmal alles mit dem Kind in Ordnung – dafür mit mir nicht?

Im Krankenhaus machten sie mit mir alle erdenklichen Tests. Leider war das durch die Schwangerschaft aber alles nur begrenzt möglich. So haben sie mich nach einer Nacht wieder nach Hause geschickt und gemeint, dass sie nach der Geburt alle notwendigen Untersuchungen unternehmen werden, um die Ursache der Gesichtslähmung herauszufinden. Schlaganfall hatten sie ausgeschlossen.

Mit mulmigem Gefühl fuhr ich wieder heim, wünschte mir nun umso mehr bald den kleinen Schatz im Arm zu halten. Heiße Bäder, viele Spaziergänge und alle möglichen Wundermittel wurden ausprobiert – aber nichts tat sich.

DIE GEBURT

Eine Woche später dachte ich mir, es ist so weit – ich bekomme nun mein Kind. Das Warten hatte ein Ende und wir machten uns auf den Weg ins Krankenhaus. Dort angekommen, waren alle Wehen wie weggeblasen. Ich durfte schneller wieder die Heimreise antreten, als mir lieb war. Ein sogenannter Frühstart. Ich war etwas peinlich berührt, doch durch die ganzen Probleme war ich wohl auch schon etwas übersensibel. Zwei Tage später ging es dann wirklich los und diesen Unterschied hatte ich dann auch gleich bemerkt. Ich ging noch schnell duschen und wir fuhren ins Krankenhaus – gegen ein Uhr nachts. Die nette Krankenschwester fragte mich gleich nach Bezug des Kreissaales, ob ich eine PDA wollen würde. Erhobenen Hauptes, voller Zuversicht ein paar Schmerzen auszuhalten, verneinte ich und dachte mir – ach, das schaff ich mit links. Diesen Glauben hatte ich allerdings nur bis zur ersten richtigen Wehe, drei Minuten später. Die Krankenschwester hatte noch nicht mal den Gang verlassen, da schrie ich wie eine Irre nach ihr und nach einer PDA! Gesagt, getan.

Gegen vier Uhr morgens platzte dann meine Fruchtblase. Ich blauäugig und nichts wissend dachte mir, ich hätte es bald geschafft, ein absoluter Irrglaube. Die Schmerzen hielten sich zwar in Grenzen, aber ich war sehr durstig und sehr müde. Ich weiß noch, dass ich immer gejammert habe – ich schaff es nicht mehr, ich kann nicht mehr und bitte holt doch einfach dieses Kind. Ich hatte Hunger und vor allem Durst. Mein Göttergatte, einfühlsam wie eh und je, aß und trank genüsslich neben mir mit einer beachtlichen Ruhe. Ok, für ihn war es ja schon die dritte Geburt, aber ich fühlte mich provoziert. Ich kann mich noch gut erinnern, als ich ihn anfauchte und sagte: „Mit dir habe ich wohl wirklich den Jackpot geknackt. Vielleicht könntest du wo anders dein Frühstück zu dir nehmen. Wie du weißt, will ich seit Stunden nur einen kleinen Schluck trinken.“

Er fand es amüsant. Ich nicht. Ich habe nach WASSER verlangt. Immer und immer wieder. Sie wollten mir aber keines geben. Lediglich Zitronen-Wattestäbchen habe ich bekommen. Ich kann nur sagen, seither habe ich eine Wattestäbchen-Phobie. Doch durch meine Hartnäckigkeit waren die Schwestern schon etwas genervt von mir und willigten schließlich irgendwann ein, mir Wasser zu geben, schluckweise. Ich war unendlich dankbar, die Krankenschwestern auch. Ich war endlich zufrieden und gab Ruhe. Allerdings änderte sich dieser Gefühlzustand Sekunden später bei uns allen, denn sobald ich einen Schluck nahm, kotzte ich schwallartig. Das hielt mich aber nicht davon ab, es immer wieder zu probieren. Da lag ich nun – mit einer Gesichtslähmung, kotzend, kurz vorm Verdursten und das Kind wollte und wollte nicht raus. Achteinhalb Stunden erlebte ich diese Qualen, als die Hebamme plötzlich etwas besorgt wirkte, da die Herztöne des Babys nicht mehr passten. Dann ging es schnell. Der Arzt kam, sah in 20 Sekunden, dass ein Baby mit über drei Kilo niemals durch mein Becken passen würde und wies alle an, alles für den Kaiserschnitt vorzubereiten. WARUM ZUM TEUFEL wusste man nicht vorher, dass ein drei-Kilo-Kind nie durch mein Becken passen würde? Hat sich mein Becken in den letzten zehn Stunden verändert? Mamma mia, ich dachte immer, ich habe ein gebärfreudiges Becken – seither weiß ich, dass es offenbar nur mein großer Hintern ist. Ich war trotzdem froh, denn dies hieß, die Qualen nehmen ein Ende, bald kann ich mein Kind im Arm halten und ich durfte auch wieder trinken. 20 Minuten später machte der kleine Mann auch seinen ersten Schrei und wurde mir gezeigt. Aber ich erlebte diesen Moment anders als andere Mütter. Ich bekam einen großen Schreck, denn mein Kind hatte einen Zwergenkopf. Ich begann bitterlich zu weinen, aber nicht aus Freude wie andere Frauen in meiner Situation. Völlig aufgebracht fragte ich gefühlte 200 mal, ob der Kopf wohl wieder normal werden würde. Das Kind wurde zum Kinderarzt gebracht, während ich zugenäht wurde. Ich hatte immer nur folgende Gedanken: Verdammt noch mal, mein Gesicht ist entstellt und ich gebar einen Zwerg.

Das war alles zu viel für mich. Die Schwestern versuchten mich zu beruhigen und zu trösten, aber zwecklos. Ich sah mich schon – mit meinem neuen Gesicht – alienähnlich durch die Gegend spazieren mit einem Kinderwagen, in dem ebenfalls ein Alienbaby liegen würde. Ich glaube, alle Beteiligten waren wirklich sehr froh, als diese Geburt endlich vorbei war und ich außer Sichtweite. Wieder zurück im Kreissaal zitterte ich am ganzen Körper. Es dauerte Stunden, bis es aufhörte.

Der Kleine war zum Glück ein Vorzeigekind und vollkommen gesund. Mein Kind schlief und schlief – oft so lange, dass ich Angst bekam und ständig nachguckte, ob er wohl noch atmen würde. Der Kopf normalisierte sich auch nach dem zweiten Tag. Mein Sohn war unkompliziert und wirklich sehr brav. Stillen funktionierte. Milch hatte ich so viel, dass ich das ganze Krankenhaus hätte versorgen können. Manch Bauer wäre froh, wenn er eine

Kuh mit so viel Milch besitzen würde. Durch diese Tatsache musste ich notgedrungen zusätzlich abpumpen. Eine Woche war ich im Krankenhaus und musste alle möglichen Untersuchungen bezüglich meiner Gesichtslähmung über mich ergehen lassen. Traumhaft, kurz nach der Entbindung. Doch ich wollte Klarheit. Ich war komplett gesund und niemand konnte mir erklären, warum ich das hatte. Die Ärzte vermuteten, dass der Kleine eventuell auf einem Nerv lag, aber sicher war sich niemand. Ich bekam Übungen für zuhause und viel Zuspruch, dass es wieder weggehen würde. Von meinem Sohn und mir gibt es von dieser Zeit nur ein einziges Foto. Ich konnte mich selbst nicht ansehen. Doch auch die Begleiterscheinungen gingen nicht spurlos an mir vorbei. Ich konnte unmöglich aus einem Glas trinken, essen war auch schwierig und mein Geschmackssinn war ebenfalls beeinträchtigt. Eigentlich war es nicht unangenehm im Krankenhaus, auch die Zimmerkolleginnen waren nett und ich verstand mich gut mit ihnen.

Allerdings war ich zwei Tage, bevor ich nach Hause durfte, etwas geknickt. Ich war einfach mit der Gesamtsituation überfordert. Ich flehte meinen Mann damals an, mich zu verlassen. Immerhin, wie sah ich aus, wie ein fetter Wal und jetzt auch noch mit hässlichem Gesicht. Er blieb – schade eigentlich.

Die ersten Wochen daheim mit Baby waren angenehm. Ich musste zwar nach drei Wochen abstillen, da plötzlich die Milch weg war – wie gewonnen, so zerronnen –, aber das machte mir nicht viel aus. Eigentlich war es mir sogar nicht unrecht. Ich hätte schon noch etwas länger gestillt, aber dieses phänomenale Gefühl, das manche Frauen dabei empfinden, empfand ich nie. Für mich war es nichts besonders Schönes. Es war eben so, aber ich war auch froh, als mein Körper, mein Busen wieder mir gehörte. Aber ich bin wohl grundsätzlich anders. Auch diese traumatischen Erlebnisse und die veränderte Bindung zu seinem Kind nach einem Kaiserschnitt, von dem viele Frauen sprechen, konnte ich nie spüren. Ich spürte Liebe für mein Kind, ab der ersten Sekunde, wie noch nie zuvor für eine Person in meinem Leben. Auch die Tatsache, dass mein Gesicht wieder das alte wurde, beflügelte mich. Die Blähungen in den ersten drei Monaten konnten mir da nichts anhaben. Ich hatte außerdem sehr viel Glück, der Kleine schlief nach vier Wochen bereits die Nächte durch. Ich war wirklich sehr glücklich. Außerdem stand ja bald noch die kirchliche Trauung an. Ich war also mit den letzten Hochzeitsvorbereitungen beschäftigt. Immerhin waren über 80 Personen geladen.

Weiter bemühte ich mich, abzunehmen. Die Schwangerschaftskilos mussten weg, so verbrachte ich dreimal die Woche früh morgens meine Zeit im Schwimmbad.

Die Kinder meines Ex-Mannes durften auch wieder zu uns und sie freuten sich sogar sehr über ihren kleinen Bruder. Es war perfekt. Aber dieser Zustand hielt nicht lange, denn schon bald war das Beziehungshoch durch Kind zu einem Beziehungstief gekippt und es gab Probleme. Wir stritten, wir zankten, wir schrien uns an und waren uns in den alltäglichsten Dingen plötzlich unstimmig. Kurz vor der kirchlichen Trauung, die gemeinsam mit der Taufe stattfinden sollte, gab es einen Megakrach. So sehr, dass sogar meine Mutter anrückte. Selbst den Ehering warf mein werter Gatte aus dem Fenster – kurz vor der Trauung eine grandiose Aktion – kostete eh nur ein paar Hundert Euro, die wir eigentlich nicht hatten. Trotz stundenlanger Suchaktion war er unauffindbar. Ein Zeichen, ein Zeichen, das ich nicht sehen wollte. Welch Ironie, dass es in dem Streit ebenfalls um Geld ging. Im Innersten wusste ich eigentlich damals schon, dass es ein Fehler sei, diesen Menschen auch noch kirchlich zu heiraten, aber ich hatte schlicht und einfach die „Eier" nicht in der Hose, diese große Hochzeit abzusagen.

GELD

Das liebe Geld war sowieso häufig ein Streitpunkt, dabei hätten wir nicht darüber streiten müssen, denn Geld war eh kaum vorhanden. Aber Streit gab es. Erstens, weil eben wenig da war, obwohl ich vier Monaten nach der Geburt wieder arbeiten ging, und zweitens, weil mein Mann einfach unfähig war und auch bis heute ist, mit Geld umzugehen. Er verstand einfach nicht, warum keine 600 Euro für einen Urlaub für ihn alleine zur Verfügung standen, obwohl wir sonst kaum um die Runden kamen. Zeitweise war das Geld so knapp, dass ich mit lediglich 300 Euro für uns drei im Monat auskommen musste. Wer ein Baby hat, kann sich vorstellen, wie gut man kalkulieren muss, dass dieses Budget ausreicht. Ich möchte an dieser Stelle aber erwähnen, dass es meinem Kind an nichts fehlte. Ich blieb vielleicht auf der Strecke, aber mein Kind hatte trotzdem immer alles. Außerdem wurde ich in dieser Zeit notgedrungen ein wirklicher Schnäppchenexperte. Ich wollte aber nicht so auf Dauer leben und drängte meinen Gatten erneut dazu, endlich das Schuldenproblem zu lösen. Es geriet nach den ganzen Turbulenzen, die die Schwangerschaft mit sich brachte, wieder etwas in den Hintergrund. Mein Mann hatte viele Schulden, bei noch viel mehr Gläubigern. Magistrat, Handy, Fitnessstudio, Wohnungen, GIS usw..

Nach Anraten und eindringlichen Gesprächen suchte er erneut die Schuldnerberatung auf. Die Wartezeit betrug Jahre. Jahre wollte ich bestimmt nicht warten, daher beschlossen wir, das Ganze einem Anwalt zu übergeben, um die Sache zu beschleunigen. Dann ging es auch zügig voran. Es wurde eine Quote vereinbart und wir benötigten insgesamt ca. 14.000 Euro, um dieses Thema endlich abhaken zu können. Der Anwalt versicherte uns, dass damit die Sache vom Tisch wäre und das alles noch vor der Hochzeit.

Da meine Schwiegereltern nicht bereit waren, uns zu helfen bzw. ihrem Kind, blieben wenige Möglichkeiten. Die einzige logische, um ein Abschöpfungsverfahren zu verhindern, war: Ich nehme einen Kredit auf! Gesagt, getan. Ich nahm einen Kredit auf und mit einem Schlag war er schuldenfrei. Bei der Verhandlung stimmten die Gläubiger zu und das Abschöpfungsverfahren konnte abgewandt werden. Ab diesem Zeitpunkt musste er lediglich fünf Jahre lang vom Urlaubs- bzw. Weihnachtsgeld 1.600 Euro bezahlen. Wenn ich damals das Geld nicht aufgenommen hätte – wären uns für sieben Jahre von seinem tatsächlichen Gehalt vielleicht rund 1000 Euro zu Verfügung gestanden. So waren es aber immerhin fast 2500. Wobei die Alimente hier noch nicht eingerechnet waren. Egal, wir konnten uns wieder etwas freier bewegen. Ich habe mir oft von Menschen in meiner Umgebung anhören müssen, wie dumm ich war, Geld für einen anderen Menschen aufzunehmen. Allerdings hätte ich es nicht gemacht, wäre ich wirklich dumm gewesen, denn wir hätten uns eine 3-Zimmer-Wohnung und ein Auto niemals leisten können. Von Urlaub ganz zu schweigen. Außerdem war doch sonnenklar, dass wir für immer und ewig zusammen bleiben würden. Oder etwa nicht? Auch heute noch können viele Leute mein Handeln damals nur schwer nachvollziehen, weil ihnen der Blick auf das Ganze fehlt. Auch heute noch bin ich der tiefsten Überzeugung, damals zumindest in diesem Bezug alles richtig gemacht zu haben.

Die kirchliche Hochzeit kostete uns ein Vermögen, aber zum Glück hatten wir spendable Gäste, so blieben die Kosten, die übrigblieben, im Rahmen. Der Tag war schön. Traumhaftes Wetter, alle unsere Lieben bei uns und unser Kind wurde auch getauft. Der Chor in der Kirche war himmlisch, das Essen wunderbar, die Stimmung fantastisch. Aus heutiger Sicht könnte ich mir keine bessere Hochzeit vorstellen, abgesehen von der Wahl des Bräutigams und meines Outfits. Ich sah schrecklich aus. Wo waren da meine Freunde? Ich organisierte und plante alles bis ins kleinste Detail und der Tag lief ohne große Vorkommnisse. Dass meine Cousine – hitzebedingt – noch vor der Trauung umkippte und mein Cousin im Rausch eine Beißattacke auf seinen Vater und meine Mutter verübte, lassen wir hierbei außen vor. Wobei, genau diese ungeplanten Dinge machen einen solchen Tag unvergessen und einzigartig. Einzigartig war auch ein Video, das mein Mann mir zu später Stunde vor der versammelten Mannschaft vorspielte. Ich heulte und war sprachlos, so etwas Persönliches hatte ich noch nie bekommen. Die Hochzeitsnacht war weniger spektakulär. Völlig erschöpft schliefen wir ein. Meine Hochachtung an alle Verheirateten, die die Hochzeitsnacht gebührend ausklingen lassen, für uns unvorstellbar. Die Hochzeitsreise ersparten wir uns, denn da wir auf eine Hochzeit am Bodensee eingeladen waren – verbrachten wir ein paar Tage in diesem Sommer dort. Nach diesem Urlaub sollte endlich wieder Ruhe einkehren, aber es kam ein Schlag nach dem anderen.

Ein SCHLAG nach dem ANDEREN

Unser Hund war während der Reise zum Bodensee bei meiner Mutter untergekommen. Nach einer Woche Urlaub kamen wir nach stundenlanger Autofahrt völlig erschöpft nach Hause und waren müde. Wir suchten sofort unser Bett auf und wollten einfach nur schlafen. Doch wenige Sekunden später sprang ich wie von einer Tarantel gestochen auf. Ich hatte lauter kleine Stiche auf den Beinen. Zuerst wusste ich nicht so recht, woher diese kamen, doch schon bald war klar, woher. Wir hatten eine Flohinvasion im Haus. Anscheinend hatte der Hund vor unserer Abreise unbemerkt Flöhe aufgegabelt. Diese Viecher vermehrten sich prächtig in unserer ganzen Wohnung während unserer Abwesenheit.

Zurückgekommen hatten wir also eine Flohherberge, konnten die Wohnung ausräuchern und zwei Tage zu meiner Mutter ziehen. Und wenn ich freiwillig wieder zu meiner Mutter zog, sollte das was heißen. Gott sei Dank war nach einer Bombenattacke aus der Apotheke und einer Putzorgie alles flohbefreit und wir konnten wieder zurück.

Ich weiß gar nicht mehr, in welcher Reihenfolge, aber in den darauffolgenden 1,5 Jahren hatte ich viele Erleuchtungen und Rückschläge. Angefangen hat es damit, dass ich durch Zufall erfuhr, dass mein Mann gar keinen Abschluss hatte und seine angebliche Friseurlehre gar nicht abgeschlossen wurde. Ich musste erfahren, dass er sogar von seinem Lehrherrn gekündigt wurde, weil er beschuldigt wurde, gestohlen zu haben. Ich erfuhr, dass das Friseurgeschäft seiner Mutter, von dem er mir immer erzählte, gar nie das Geschäft seiner Mutter war, sie war lediglich angestellt. Ich musste feststellen, dass mein Mann, der mir von einem traumhaften, detaillierten Thailand-Urlaub erzählte, noch nicht mal wusste, wo Thailand auf der Landkarte war. Immer mehr solcher Geschichten kamen zum Tageslicht. Ich kann mir auch bis heute nicht erklären, warum und wieso man solche Sachen erfindet. Ich selbst war jetzt nicht das Kind der wunderbar reichen Familie, die jedes Jahr die ganze Welt bereiste. Ich war ein ganz normales Mädchen einer Arbeiterfamilie, die mit ihren Eltern nicht einmal gemeinsam in einem Flugzeug saß. Was ich damit sagen möchte, ich war die letzte Person, die man beeindrucken musste mit solchen Geschichten. Jedes Mal gab es Streitereien, eine nicht logische Erklärung seinerseits und eine neuerliche Chance von mir.

Irgendwann war es dann so weit, dass er Geschichten bei Freunden und Bekannten erzählte. Ich wusste, er lügt, ließ ihn aber nicht auffliegen, weil es mir peinlich war. Ich habe ihn einfach erzählen lassen. Erst zuhause habe ich ihn damit konfrontiert und somit einen neuerlichen Streit angezettelt.

Doch das war noch nicht mal der Höhepunkt. Einmal kam er betrunken nach Hause – fairerweise muss ich hier gestehen, dass das sehr selten passierte, aber an diesem Abend übertrieb er es. Er wollte Anschluss finden bei den Stockschießern in der Gemeinde, wo wir lebten. Gute Idee – prinzipiell. Offenbar musste er dort seinen Mann stehen und hatte ein paar Willkommensdrinks zu viel. Er kam heim. Ich glaube, er wusste nicht mal, wie. Stockbesoffen. Ich schlief bereits im Schlafzimmer, doch da er auf allen Vieren die Stiegen in unserer Maisonettewohnung rauf kam, wachte ich natürlich auf. Ich sagte: „Bitte sei leise – das Kind schläft."

Ihm passte anscheinend nicht, dass ich da war, bzw. seiner Meinung nach lag ich auf der falschen Bettseite. War aber absoluter Blödsinn, ich lag auf meiner Seite, falls es das überhaupt gibt. Zumindest auf dieser Seite, wo ich die letzten Jahre auch immer schlief. Später habe ich mir mal von einem Mann erklären lassen, dass die Frau immer links liegen müsse, ich bezweifle, dass das stimmt, ich lag eigentlich immer rechts! Wobei, vielleicht war das der Fehler die ganzen Jahre. Egal, ich lag eben im Bett und bevor ich noch was sagen konnte, knallte es. Er gab mir eine Ohrfeige. Ohne Vorwarnung und ohne Grund. Ich konnte gar nicht realisieren, was gerade passiert war. Und vor allem, warum? Ich verließ, ohne einen Ton zu sagen, das Schlafzimmer, ging auf die Couch ins Wohnzimmer und heulte mir dort die Augen aus. Mir war klar, dass in dieser Nacht keine einzige Diskussion noch irgendeinen Sinn machen würde. Gewalttätig wurde er bis zu diesem Zeitpunkt noch nicht, abgesehen von einer kleinen Schupferei, als ich hochschwanger war, bei der ich blöderweise so ins Ungleichgewicht kam, dass ich zu Boden fiel.

Leider blieb es allerdings nicht das letzte Mal. Am nächsten Tag gab es ein Gespräch. Angeblich konnte er sich nicht mehr erinnern, welch Wunder, nach einer Flasche Schnaps. Machte es zwar nicht besser, aber was blieb mir anderes übrig, als zu verzeihen? Ich hatte ein Baby zuhause und war frisch verheiratet. Auch wenn es niemals eine Rechtfertigung dafür gibt, dass er es nicht mehr wusste, ist es eines der wenigen Dinge, die ich ihm sogar heute noch glaube.

Eine weitere Anekdote bescherte mir mein Gatte aber sicherlich mit der klarerweise heimlichen Anmeldung auf einer „Partnervermittlungsplattform". Dummerweise benützte er meinen Laptop, um seine Nachfrage beim weiblichen Geschlecht zu prüfen, und vergaß sich abzumelden. Als ich eines Tages meinen Laptop öffnete, um im Internet Bastelanleitungen für die Kinder zu suchen, traute ich meinen Augen nicht. Ich war plötzlich auf einer Partnervermittlungsseite gelandet und mir lachte ein bekanntes Gesicht entgegen. Als Profilbild verwendete mein Mann ein gemeinsames Bild von uns, bei dem ich einfach weggeschnitten wurde. Photoshop macht's möglich. Der Idiot hatte vergessen, sich beim letzten Besuch auszuloggen. So konnte ich in aller Ruhe sein Profil durchstöbern. Ich erfuhr interessante Dinge über ihn, die ich bis dahin selbst nicht wusste. So gab er bei der Frage nach dem Familienstand zum Beispiel an, dass er zwar Kinder mochte, aber noch keine vorhanden sind. In der Realität waren zwar schon vier auf der Welt, aber solche kleinen Details kann man durchaus verschweigen. Zumindest gab er an, kinder- und tierlieb zu sein. Auch von seiner Frau schrieb er logischerweise kein Wort. Wozu auch?

Ich selbst habe diese Möglichkeit, um einen Mann kennenlernen, noch nie genutzt und ich habe es ehrlich gesagt auch nicht vor. Ich habe eine prinzipielle Abneigung gegen solche Portale, liegt wahrscheinlich daran, dass ich davon ausgehe, dass es 90% der Männer dort ebenfalls mit der Wahrheit nicht so ernst nehmen.

Als ich auf meinem Bett saß, den Laptop vor mir, wurde mir eines immer klarer: Ich muss hier weg und mir schnellstmöglich etwas einfallen lassen, um dieser Ehe zu entkommen. Ich fing an, mir ernsthafte Gedanken darüber zu machen.

Diese Gedanken verstärkten sich schlagartig nachdem ein weiterer Höhepunkt erreicht war. Es wurde die Telefonrechnung von dem Handy meines Mannes von meinem Konto abgebucht. Prinzipiell ganz normal, allerdings war sie diesmal derart hoch, dass ich ihn damit konfrontierte. Da, bedingt durch seinen Konkurs, alles über mein Konto lief und auch der Handyvertrag über meine Mutter angemeldet war, kannte ich die Konditionen genau. Er hatte bis auf SMS alles frei. Somit war der Grund für die Rechnung nicht schwer herauszufinden. Zuerst wollte ich aber eine Erklärung von ihm. Die konnte er mir natürlich nicht liefern. A1 hätte einen Fehler gemacht! Na klar, A1! Welch Wunder, A1 hatte natürlich keinen Fehler gemacht, er hatte wohl verdrängt, dass er in einem Monat über 200 SMS mit einer mir unbekannten Nummer geschrieben hatte. Blöderweise vergaß er aber, dass die Nachrichten zahlungspflichtig sind. Saudoof auch noch. Ich habe ihn natürlich auf die Nummer angesprochen und die Situation wurde immer angespannter. Sein Name war Hase und er wusste von nichts.

Ein paar Tage später, bevor ich noch Nachforschungen anstellen konnte und die Sache beweistechnisch, mit Hilfe von A1, auflösen konnte, fuhren wir mit dem Auto. Ich saß hinter dem Steuer und parkte rückwärts ein. Irgendwas passte ihm an meiner Fahrweise nicht und er fing zu schreien an. Das Kind saß auf der Rückbank. Ich fragte ihn, ob er noch ganz dicht wäre, und bevor ich mich versah, knallte es. Schockiert konnte ich nicht fassen, was gerade passiert war. Diesmal nüchtern, wieder ohne Vorwarnung und ohne ersichtlichen Grund. Aus Scham erzählte ich niemandem davon, auch nicht meiner besten Freundin. Der Gipfel dieser Aktionen war bestimmt, als er mich in der Wohnung, nachdem der Streit dort weitergeführt wurde, anspuckte. Mitten ins Gesicht. So etwas Niederträchtiges hatte ich zuvor noch nicht erlebt. Das war der Punkt, wo mir klar wurde, dass er sich nie ändern wird und ich mit diesem Mann nicht mein ganzes Leben verbringen möchte. Ich eine solche Beziehung nicht brauche. Irgendwann ist eben der Punkt erreicht, wo es auch mir reicht. Ich kann es mir nur so erklären, dass er sich in die Ecke gedrängt fühlte, da er schon ahnte, dass die Handygeschichte bald Klarheit bringen würde. So war es dann auch, ich erfuhr, dass die unbekannte Nummer eine Arbeitskollegin von ihm war. Die Aufklärungsversuche scheiterten, denn es gab für mich keinen vernünftigen Grund, mit einer anderen Frau – die ich nicht mal kannte – so viele Nachrichten in einem Monat zu schreiben.

Ab diesem Zeitpunkt weihte ich auch endlich Freunde ein. Ich war mir sicher und es gab kein Zurück mehr. Als ich meiner besten Freundin davon erzählte, schämte ich mich und sie konnte es nicht fassen. Warum ich nicht schon früher gekommen war und mich ihr nicht anvertraut habe. Na klar, weil ich ja wusste, was sie sagen oder mir raten würde. Und ich war einfach vorher noch nicht bereit, meine Familie aufzugeben, meine Ehe als gescheitert anzuerkennen und mir selbst einzugestehen, dass ich den falschen Mann geheiratet hatte.

FACEBOOK

Ab diesem Zeitpunkt habe ich aber schnell gehandelt und mich informiert – über Scheidung, über mögliche Beihilfen, über ein Leben als alleinerziehende Mutter. Ich kalkulierte und machte mir Gedanken, wie ich mit dem geringsten Schaden für mein Kind und mich aus dieser Beziehung rauskommen könnte und wie ich mir das Auto, die Wohnung, die Tagesmutter, kurz gesagt, meinen Lebensstandard, weiterhin leisten konnte.

Mitten in diesem Informationssammeln bin ich damals auf Facebook gelandet. Ich hatte mich davor nicht sonderlich dafür interessiert. Eine Freundin von mir erzählte mir mit so viel Begeisterung, dass ich mich breitschlagen ließ und einen Account anlegte. Die anfängliche Skepsis war verschwunden und ich hatte richtig Spaß daran, Facebook zu erkunden. Ich fand schnell Menschen aus meiner Vergangenheit, die ich aus den verschiedensten Gründen aus den Augen verloren hatte. Durch Zufall, Schicksal oder Bestimmung, weil es das Universum eben so wollte und ich ihn einfach gebraucht habe, fand ich eine alte Liebelei wieder, der zu dieser Zeit täglich Krankenhausposts absetzte. Irgendwann habe ich ihn dann angeschrieben und nachgefragt, was denn los sei.

So begann es: Wir hatten uns etwa sieben Jahre nicht gehört oder gesehen. Es gab viel zu erzählen, er erzählte mir, was er die letzten Jahre gemacht hatte und wieso er im Krankenhaus landete. Er war ausgerutscht und hatte seither ziemliche Probleme mit seinem Fuß. Schienbein- und Wadenbeinbruch. Anfänglich ohne jeglichen Hintergedanken hörten wir uns bald jeden Tag. Ich entwickelte wahnsinnig schnell Vertrauen zu ihm und eine gewisse Verbundenheit. Wir kannten uns ja immerhin von früher. Wir hatten auch eine – wie soll es anders sein – gemeinsame Geschichte. Als ich 15 Jahre oder so war – war ich unsterblich in ihn verliebt. Ich fand ihn großartig und er war schon ein paar Jahre älter. Meinem Charme konnte er auch nicht widerstehen, zumindest nicht an manchen Partytagen. Wir hatten damals eine Liebelei mit Höhen und Tiefen. Ein lustiger Höhepunkt war unsere letzte richtige Begegnung. Sie wird mir für immer in Erinnerung bleiben. Auf einer Party eines Schulfreundes, über den wir uns auch damals kennengelernt hatten, vereinbarten wir, dass wir gemeinsam nach Hause fahren würden. Natürlich heimlich. Die Rederei der anderen wollten wir uns schlicht und einfach ersparen. Wir vereinbarten also, dass er vorab gehen und oben an der Straße auf mich warten würde. Vereinbart war, dass ich 10 bis 15 Minuten später folgen würde, damit keiner Verdacht schöpfen würde.

Gesagt, getan, fast jedenfalls. Er verließ die Party und ich blieb wie vereinbart. Ich trank und kam mit jemandem ins Gespräch. Durch meine verwirrte, lustige Art oder wegen des übermäßigen Alkoholkonsums vergaß ich unsere Abmachung. Kann schon mal passieren. Als er nach 20 Minuten wieder auf der Party erschien, fiel mir plötzlich ein, was ich eigentlich tun hätte sollen. Die anderen, komplett verwundert, fragten ihn, warum er zurückgekommen war. Er meinte, er hätte seinen Schlüssel vergessen. Ich schaltete diesmal blitzschnell und verabschiedete mich. Ich weiß noch, dass er sich die ganze Heimfahrt über meine Verwirrtheit beschwerte. Wie zum Henker konnte ich ihn vergessen? C'est la vie – kann ich nur sagen.

Die Retourkutsche kam dann kurze Zeit später, als er mich vergaß und ich auf der nächsten Party ohne Vorwarnung darüber in Kenntnis gesetzt wurde, dass er heute in Begleitung seiner neuen, alten Freundin hier sei. Ich war verletzt und diese Party war klarerweise für mich dadurch etwas unlustig und ich verließ relativ rasch die Feier. Seither hatten wir uns nie mehr gehört. Aber Schwamm drüber, alles war lange her. Ich erzählte ihm von den letzten Jahren und von der Tatsache, dass meine Ehe gescheitert war. Er war für mich da, hat mich aufgebaut und wurde schnell zu meinem besten Freund. Er selbst hatte sich ebenfalls gerade getrennt und wir stützten uns gegenseitig. Noch schneller wurde aus dieser Freundschaft eine Freundschaft plus. Dank ihm war die Trennung leichter. Ich hatte weniger Zweifel, ob ich wirklich das Richtige tat.

An schlechten Tagen, wo mich mein Gewissen plagte, dass ich meine Familie zerstören würde, fing er mich einfach auf. Er gab mir die Kraft und bestätigte mich, dass ich auf dem richtigen Weg war. Ich habe ihn im Krankenhaus besucht und wir haben uns regelmäßig getroffen. Doch je mehr ich mich darauf eingelassen habe, Gefühle entwickelt habe, umso komplizierter wurde es und, welch Überraschung, umso mehr distanzierte er sich. Er war ein einziges Rätsel. Einerseits hatte ich das Gefühl, er hat sich in mich verliebt, und im nächsten Moment kam das böse Erwachen.

SCHEIDUNG und JETZT?

Ich war aber eigentlich mit ganz anderen Dingen beschäftigt, nämlich mit der Scheidung. Im September folgte diese endlich, nach ewigen Streitereien, denn ich war die Einzige, die die Scheidung wollte. Irgendwann hat mein Mann dann aber eingesehen, dass er mich nicht umstimmen könne und hat eingewilligt. Zum Streiten gab es nicht viel, denn Vermögen war keines da, alles, was da war, gehörte mir (das war wirklich so – immerhin ist mein Mann damals mit zwei Rucksäcken bei mir eingezogen) und wegen des Besuchsrechts waren wir uns auch einig, er darf das Kind sehen, wann er will. Der Kredit, der vom Konkurs noch offen war, wurde im Scheidungsurteil verankert und die Alimente habe ich mit 100 Euro betitelt. Intern gab es die Vereinbarung, sofern er den Kredit weiterhin zahlen würde, bin ich damit einverstanden und werde die Alimente nicht erhöhen.

So weit, so gut. Ich war endlich geschieden. Das ganze Prozedere dauerte, glaub ich, keine 15 Minuten – gewartet haben wir aber über eine Stunde. Zur Feier des Tages ging ich mit meinen Mädels auf ein paar Drinks.

Ich war wieder frei. So frei, wie ich es gar nicht sein wollte – denn auch die Liebelei war vorbei. Im Nachhinein bin ich dankbar, dass er da war in dieser Zeit, denn ich habe ihn gebraucht, bin aber heute genauso dankbar und froh, dass nie eine fixe Beziehung daraus wurde. Ich habe es mir damals gewünscht, aber bereit war ich sicherlich nicht dafür. Der Kontakt war auf das Minimale reduziert, alle paar Wochen telefonierten wir einmal. Die Tatsache, dass meine „Krücke“ keine Beziehung wollte, jedoch Wochen später eine hatte, war auch nicht sehr förderlich und machte mich damals traurig. Ich war alleine. In der Zwischenzeit habe ich mich außerdem noch um mein Kind kümmern müssen und ich machte Sport, um mich endlich wieder wohlzufühlen. In den zwei Jahren Ehe habe ich ein wenig Frustfressen betrieben und das sah man dann auch. In dem Trennungsjahr habe ich aber stolze 17 Kilo abgenommen. Die beste Diät war schon immer eine Trennung. Zumindest in meinem Fall.

Der weitere Kontakt mit dem Kindsvater war schwierig. Er war schnell wieder frisch verliebt, die Liebe seines Lebens, angeblich, übrigens schon vor der Scheidung, obwohl er sich dagegen so sträubte. Es gab immer wieder Reibereien. Reibereien wegen Nicht-Einhaltung gewisser Dinge, außerdem muss ich ehrlich gestehen, eifersüchtig war ich auch. Eine neue Freundin kurz vor der Scheidung, die wirklich gut aussah, spielte keine unwesentliche Rolle. Da bekam die Ex-Frau durchaus ein Ego-Problem. Erst damals verstand ich meine Vorgängerin, zumindest ein wenig. So einfach war es dann doch nicht, plötzlich eine gutaussehende neue Frau an seiner Seite zu akzeptieren. Auch das Kind kam, wenn es mal dort war, fröhlich heim und erzählte mir von einem Familienleben, das ich nicht mehr hatte. Ich glaube, das war auch der Hauptgrund für die Eifersucht und versetzte mir jedes Mal einen Stich ins Herz. Außerdem sah es nach außen so aus, als wäre das jetzt die perfekte Beziehung. Es sah so aus, als würde er jetzt nicht mehr lügen, betrügen und wirklich eine harmonische Beziehung führen. Ich begann in dieser Zeit auch an mir zu zweifeln. Lag es vielleicht an mir? Hatte er alles gemacht, weil ich es nicht wert war? Schnell merkte ich aber, dass alles nur Fassade war.

Diese Fassade fing langsam aber sicher an zu bröckeln. Während er mir erzählte, dass sie nur eine Geschichte sei, um alles zu verdauen, sprachen wir damals sogar von einem möglichen Comeback. Da ich mich in dieser Phase alleine fühlte, spielte ich auch wirklich ernsthaft mit dem Gedanken, denn eines wollte ich immer: eine Familie, eine funktionierende. Hätte ich damals mehr darüber nachgedacht und mich nicht durch meine Einsamkeit leiten lassen, hätte ich wissen müssen, dass eine funktionierende Beziehung mit ihm unmöglich ist. Ich war jedenfalls kurz emotional wieder gefangen. Gefangen von der Vorstellung, alles würde doch ein gutes Ende nehmen. Wir kamen uns wieder näher. Viel zu nah. Schnell kam aber die Vernunft wieder ins Spiel und mir wurde klar, dass er noch immer besagte Freundin hatte, und sie fing mir an leid zu tun. Mein schlechtes Gewissen hielt sich anfangs in Grenzen, denn ich sah ihn eher als MEINEN MANN, mich hat er ja schließlich geheiratet. Irgendwann fühlte ich mit ihr, da ich mich selbst in ihr widerspiegelte. Sie dachte, ein toller Mann, ehrlich und endlich angekommen. Wie ich ein paar Jahre davor. Ich beendete diese Annäherung abrupt, verinnerlichte alle Erinnerungen und mir wurde klar, mit so einem Menschen nie mehr zusammen sein zu wollen, und klärte seine damalige Freundin auf. Natürlich ein Schock. Und an diesem Abend, als sie auf meinem Balkon saß, hatte ich wahnsinniges Mitgefühl. Ihre Welt zerbrach. Da hatte ich dann erstmals ein wirklich schlechtes Gewissen, obwohl ich ihn ja immer als meinen Mann sah. Ich muss aber festhalten, dass ich heute finde, dass es die absolut richtige Entscheidung war, auch wenn er und sie mich dafür, zumindest zeitweise, hassten. Obwohl sie es trotzdem noch einmal versuchte mit ihm, wurden ihr zumindest mal die Augen geöffnet, was sie daraus machte, war ihre Sache. Ich hätte mich vielleicht nicht einmischen dürfen, allerdings muss man sagen, seitdem meine Welt zerbrochen wurde, Jahre davor, als ich den Anruf bekam, bin ich ein Gerechtigkeitsfanatiker geworden. Und auch ich war zuerst sauer auf die Affäre meines Mannes, aber eigentlich war ich froh, dass sie mir einfach die Augen öffnete. Seit diesem Zeitpunkt habe ich nie wieder etwas mit einem Mann angefangen, der eine Frau hat, bzw. verabscheue ich Männer bzw. Frauen, die das ihren Partnern antun. Personen, die sich in Beziehungen drängen, kann ich nicht viel Sympathie abgewinnen. Wenn du selbst einmal betrogen wirst und dir wortwörtlich der Boden unter den Füßen weggezogen wird, kannst du bei diesem Thema eigentlich keinen anderen Standpunkt vertreten. Ich lebe außerdem aus der tiefster Überzeugung mit dem Glaubenssatz: Behandle Menschen so, wie du behandelt werden möchtest. Heute bin ich sogar der festen Meinung, dass Untreue oder einen vergebenen Mann „auszuspannen", schlecht fürs Karma sind.

Ich habe aus diesem Grund zweimal mit engen Freundinnen gestritten bzw. sogar den Kontakt abgebrochen Die erste war meine Arbeitskollegin. Sie hatte ihren damaligen Freund von vorne bis hinten betrogen und war zu schwach, um sich zu trennen. Ich habe täglich auf sie eingeredet. Durch den Beruf konnte ich den Kontakt zwar nicht abbrechen, aber sie musste sich täglich eine Standpauke anhören – bis sie sich endlich trennte.

Eine andere Freundin hatte einen Freund und ein gemeinsames Kind und da lief es ähnlich ab. Auch das habe ich lange Zeit kritisiert bzw. sie immer gedrängt, sich für einen Mann zu entscheiden. Mir wurde es zu bunt und der Kontakt verlor sich. Ich mochte übrigens die Partner beider Freundinnen nicht, aber ich bin der tiefen Überzeugung, dass niemand so etwas verdient hat.

Ich kann bis heute nicht nachvollziehen, wie man jeden Tag jemanden ins Gesicht lügen kann. Ich bin Gott sei Dank ein schlechter Lügner. Mir würde man so etwas an der Nasenspitze ansehen. Aber es gibt bestimmt Schlimmeres, als ein guter Lügner zu sein. Meiner Meinung nach sind Menschen, die einen anderen so hintergehen, sich gar nicht der möglichen Tragweite bewusst.

Glücklicherweise ist das Verhältnis zur Exfreundin meines Mannes – und Mutter der Geschwister meines Sohnes – nach der Scheidung bergauf gegangen. Da der Kontakt zum Vater spärlich war, kam auch der Wunsch der Geschwister aktiver zum Vorschein, mit ihrem kleinen Bruder Kontakt zu pflegen. Anfänglich dachte ich mir, mit dieser Frau kann das nicht funktionieren, was war doch alles vorgefallen ... Aber zu meiner Überraschung verstanden wir uns gar nicht so schlecht. Ich glaube, ich hatte damals auch den emotionalen Abstand und die Reife, um die andere Seite der Medaille zu durchleuchten. Es wurden Gespräche geführt und es kamen viele Aktionen meines Ex-Mannes ans Licht, die nicht gerade ein positives Licht auf ihn warfen. Es rückte ihn – sofern das möglich war – in ein noch schlechteres Licht. So hatte er ihr laut Aussagen meiner Vorgängerin mit einem Strauß Rosen in der Hand einen Heiratsantrag gemacht – den sie ablehnte. Zum Glück wusste er aber eine Verwendung für die wunderschönen Blumen – diese bekam ich nämlich dann serviert. Das geschah ziemlich am Anfang unserer Beziehung. Sie wusste nichts von dem Geschenk an mich, aber ich konnte mich sofort an den Blumenstrauß erinnern. Schön war er… Weiters hatte er Rechnungen einfach nicht bezahlt, bis ihr der Strom abgedreht wurde, so stand sie mit zwei kleinen Kindern in einer Wohnung ohne Elektrizität. Ein anderes Mal ist er für ein paar Wochen ohne Vorwarnung spurlos verschwunden. Nach dem Motto: Ich gehe schnell Zigaretten kaufen. Ich erfuhr auch, dass er oft nicht arbeiten war, als ich auf die Kinder aufpasste. Er war unterwegs. Soll heißen, er war schon immer ein Heini.

Aber die Überaktion war wohl ein Seitensprung mit einer gewissen Cordula, der nicht ohne Konsequenzen blieb. Eines kann ich Vorwegnehmen: Nein, es war nicht Cordula Grün. Besagte Dame war jedenfalls schwanger und bekam dann auch ein Kind mit meinem Ex-Mann. Dieses Kind ist ungefähr so alt wie sein drittes und letztes mit meiner Vorgängerin. Ich hatte bis zu diesem Zeitpunkt nie von einem weiteren Kind erfahren. Ich forschte nach und fand auch Unterlagen. Es tauchte ein Brief auf, der diese Theorie bestätigte. Das Kind war aus einer jüdischen Familie und scheinbar waren die Eltern der Kindsmutter Hellseher und erkannten gleich, auf welchen Halunken sie sich eingelassen hatte. Laut des Briefs wurde sie offenbar von den Eltern vor die Wahl gestellt – entweder Unterstützung, was gleichzeitig mit einer Kontaktsperre und einer nicht anerkannten Vaterschaft verknüpft war, oder Kontaktabbruch mit den Eltern. Sie entschied sich für das einzig richtige und brach den Kontakt zum Kindsvater – meinem späteren Göttergatten - ab. Ob er das Kind jemals gesehen hat oder jemals sehen wird, steht wohl in den Sternen und entzieht sich meiner Kenntnis. Fakt ist, es gibt ein weiteres Kind. Mein Sohn hat noch einen Bruder.

EMOTIONALE ACHTERBAHN

Der Kontakt zu meiner Krücke hat sich um die Weihnachtszeit dann gänzlich verloren. Ich war traurig darüber, aber habe es schweren Herzens dabei belassen. Ich hatte mehr als genug gegeben und es wohl auch das eine oder andere Mal übertrieben. Ewige Nachrichten hatten ihn in den letzten Wochen erreicht und jede Nachricht emotional weiter entfernt. Er tat mir einfach nicht mehr gut. Seine ständigen Umfaller in Bezug auf mich und unseren Kontakt und meine tiefen Gefühle führten immer wieder zu Konflikten. Ich war außerdem mit Umzug und anderen Bekanntschaften beschäftigt. Der Umzug war dringend notwendig. Die Wohnung war einfach zu teuer und der Weg zur Arbeit und Tagesmutter einfach zu lang. Ich war oft eine Stunde für eine Strecke unterwegs – ohne Auto, denn dies hatte damals aus finanziellen Gründen mein Ex-Mann. Wir vereinbarten quasi ein Car-Sharing. Das Leasingauto zurückzugeben wäre wahnsinnig teuer geworden und so entschieden wir uns für diesen Weg. Unter der Woche hatte er das Auto, am Wochenende meistens ich.

Glücklicherweise habe ich aber rasch eine Wohnung neben meiner Arbeit gefunden. zwar nur zwei Zimmer, aber vorübergehend reichte es und sie war um einiges billiger. Endlich back to the roots. Ländliche Maisonette-Wohnung mit Garten wurde gegen Mini-Wohnung im Herzen meines Heimatsbezirkes getauscht. Ich hatte zwar keinen Garten, keinen Balkon und wohnte im dritten Stock, aber es hatte auch Vorteile. Ich konnte somit mein Auto retour holen, da ich es mir wieder leisten konnte. Die Vereinbarung mit meinem Ex-Mann, dass er das Auto zur Hälfte zahlen würde und somit ein Nutzungsrecht hatte, funktionierte eher schleppend. Daher war ich froh, wieder mein Auto zu haben.

Eigentlich funktionierte nie eine Vereinbarung mit meinem Ex-Mann. Auch bezüglich unseres Sohnes gab es ständig Probleme. Er holte das Kind oft nicht vom Kindergarten ab, wie vereinbart. So kam es vor, dass mich die Kindergartentante mehrmals um halb fünf anrief und meinte, ob denn niemand das Kind abholen würde. Ich war der Meinung, es sei längst bei seinem Vater. Auch Wochenenden wurden nicht eingehalten, entweder hatte er spontane Termine oder er war wieder mal für ein paar Tage untergetaucht. Aus diesen Gründen brach auch immer wieder mal der Kontakt ab, weil ich die ständigen Diskussionen und das weinende Kind einfach satthatte. Das ganze Prozedere war anstrengend und die Phasen, in denen der Kindsvater keine Rolle spielte, waren einfach entspannter. Das Kind war in diesen Zeiten auch entspannter. Unser Sohn ist ein sehr sensibles Wesen und er reagierte auf jede Unstimmigkeit. Unter anderem äußerte sich diese Tatsache damals auch in Bettnässen.

Zurück zu meiner Krücke der Trennungsphase. Er hatte sich nämlich wieder gemeldet. Vier Monate nach dem letzten Kontakt, zu meinem 25. Geburtstag, rief er mich an. Ich - völlig verwundert, vergewisserte mich zuerst, ob er sich verwählt hätte. Nein, nein, er wollte mir nur zu meinem Geburtstag gratulieren oder mir sein Leid klagen, denn zwei Sätze später teilte er mir mit, dass er nun Vater werden würde. Meine Glückwünsche meinte ich zwar nicht ganz ernst, sprach sie höflichkeitshalber trotzdem aus, aber er vermittelte mir, dass es nichts zum

Gratulieren geben würde. Ich konnte es nicht glauben. Verdammte vier Monate aus den Augen gelassen und nun Vater? Ich wusste nicht so recht, was ich sagen sollte – ich war betrübt. Erstens: Es war mein Geburtstag. Zweitens: Warum sagte er das MIR, wir hatten doch gar keinen Kontakt mehr und er wusste, dass ich ihn schon mit einem weinenden Auge aus meinem Leben gelassen hatte. Auch die Tatsache, dass es nicht geplant war und er die Frau eigentlich nicht wirklich wollte, änderte nichts daran, dass dieser Tag in meiner Küche gemeinsam mit meiner Freundin mit viel Alkohol und noch mehr Tränen beendet wurde. Gleichzeitig war das der Tag, an dem wir wieder den Kontakt aufnahmen und ich mir oft seinen Kummer angehört hatte. Ich war damals wohl der Beistand, den er brauchte. Ich habe es ertragen, obwohl es mich innerlich oft an meine Grenzen brachte.

Kurze Zeit später hatte ich aber wieder mal genug um die Ohren. Der nächste Umzug stand an. Ich hatte mich, bevor ich die letzte Wohnung bezog, bei einer Genossenschaft angemeldet. Die hatten damals nichts frei, allerdings, als ich schon lange nicht mehr daran dachte, bekam ich plötzlich einen Anruf, eine 20 m^2 größere Wohnung wäre, zwei Minuten von meiner alten Wohnung entfernt, frei und würde sogar weniger kosten. Ich überlegte kurz, da in dieser Wohnung auch keine Küche vorhanden war, entschied mich dann aber rasch dafür. Sie war billiger, hatte einen Balkon und war viel größer! Gesagt getan, es wurde wieder gesiedelt. Eines kann ich bestimmt sagen – mittlerweile bin ich Umzugsprofi – und ohne einen Mann siedeln ist eine wahre Katastrophe! Bei diesem Umzug habe ich gelernt, Wände zu verputzen, kann man mit Torten glattstreichen vergleichen –

somit gar nicht so schwer und vielleicht war dies damals ja der unbewusste Beginn meines neuen Hobbys. Auch Boden legen, ausmalen, Küche aufbauen und Nerven verlieren habe ich gelernt. Die Nerven habe ich spätestens verloren, als ein Freund von mir, der mir half, die Küche aufzubauen meinte, dass ein zehn-Zentimeter-Spalt zwischen den Oberkasteln doch gar nicht so schlimm aussehen würde. Für mich schon! Da war sie, meine 5000-Euro-Küche mit Spalt. Auch die Überzeugungskünste, es sei ein neuer Trend, beruhigten mich keinesfalls. Zum Glück haben die Geschwister meiner Mutter ein paar fähige Kinder in die Welt gesetzt und mein Cousin half aus. Irgendwann war auch das Problem mit dem Spalt ade und ich freute mich, eine schöne neue Wohnung zu haben. Kindergarten und Arbeit zu Fuß erreichbar. Was will man mehr?

Einen normalen Ex-Mann, richtig, aber wie heißt es so schön – alles kann man nicht haben. Der leistete nämlich wieder Großartiges. Wenn er nicht gerade Pornos gedreht hatte, die er dann im Internet vertrieb, Orgien im Drogenrausch gefeiert hatte, von denen er auch noch stolz wie Oscar erzählte, hatte er Gutscheine gefälscht. Hier muss ich ein bisschen ausholen. Sein leiblicher Vater kommt aus der Obersteiermark und züchtete dort Huskys und bot im Winter für Touristen Schlittenfahrten an. Das Verhältnis zwischen Vater und Sohn war schon immer etwas gespalten. Einmal sehr intensiv und dann wieder totaler Kontaktabbruch. Kennengelernt haben sich die beiden erst, als mein Ex-Mann 18 Jahre alt war. Jedenfalls hatte der schlaue Stadtjunge, offenbar leidend unter chronischem Geldmangel, eine zündende Idee. Er entwarf Gutscheine für Fahrten mit Schlittenhunden bei seinem Vater in der Obersteiermark. Diese Gutscheine brachte er dann in der Stadt an den Mann. Wie viele es genau waren, kann ich gar nicht sagen, aber einige. Der Preis lag bei 160 Euro pro Gutschein. Die Gutscheine sahen wirklich professionell aus. Nur leider war der Plan nicht gut fertig durchdacht, denn irgendwann wurde es den Abnehmern zu bunt. Die ständigen Vertröstungen aus diversen Gründen – zum Beispiel: es gab keinen Schnee oder es gab zu viel Schnee, die Touren waren ausgebucht, es gab zu viele Jungtiere – waren irgendwann nicht mehr tragbar für die Käufer. Nach Monaten schenkten die getäuschten Kunden den Ausreden keinen Glauben mehr und suchten einen Anwalt auf. Mein Schwiegervater rief mich damals entsetzt an und meinte, er hätte einen Brief von einem Anwalt bekommen, mit Gutscheinen, von denen er nichts wisse, und als Kontakt war sein Sohn angegeben. Er vergewisserte sich zuerst, ob ich davon was wissen würde, und teilte mir mit, dass er plötzlich seinen Sohn nicht mehr erreichen konnte. Welch Wunder. Ich wusste auch nichts von Gutscheinen, aber ich versprach, ihm zu helfen. Ich rief meinen Ex-Mann an, erreichte ihn sogar und konfrontierte ihn mit den neuesten Geschehnissen. Wie immer war alles nur ein Missverständnis. Natürlich, was denn sonst? Aber auch dieses Missverständnis war bald vom Tisch und er kam glimpflich aus der Sache heraus. Die Käufer wurden mit einer Abschlagszahlung abgefertigt, waren somit zufrieden und der Vater machte natürlich keine Anzeige gegen den eigenen Sohn. Wieder einmal war er für eine Straftat rasch und ohne Konsequenzen aus dem Schneider.

Von meiner Arbeit schreib ich übrigens nicht viel. Ein Grund ist, ich bin noch immer in diesem Unternehmen tätig und eine Kündigung kann ich mir wegen einer Buchveröffentlichung einfach momentan nicht leisten. Ein bedeutender Grund ist aber, dass ich gerne in meiner Arbeit bin, es mir Spaß macht und es hierzu zu dieser Zeit nicht viel zu sagen gab. Ich war, wie anfangs schon erwähnt, schon seit der Schulzeit dort tätig. Nach erfolgter Matura bekam ich eine Vollzeitstelle. Ein Jahr musste ich wegen meiner Frühkarenz pausieren. Als mein Sohn vier Monate alt war kehrte ich geringfügig zurück. Das funktionierte auch mit der Betreuung für meinen Sohn ganz gut. Er war durch das Schichtmodell meines damaligen Mannes in dieser Zeit bei seinem Vater und wenn dies einmal nicht möglich war, sprangen Freundinnen von mir ein. Als der Kleine ein Jahr alt war, erhöhte ich auf 20 Stunden. Mein Sohn war währenddessen bei einer Tagesmutter. Da ich von Beginn an daran gewöhnt hatte, dass es nicht nur Mama und Papa gab, war diese Umstellung mit nur ganz wenigen Tränchen in den ersten Tagen verbunden. Mit dem zweiten Geburtstag erhöhte ich auf 30 Stunden, denn da war ich ja schon alleinerziehend und ich brauchte schlicht und einfach das Geld. Als der Kleine drei wurde, kam ich Vollzeit zurück und das Kind in den Kindergarten. Viele verurteilen Frauen wie mich, die sich relativ rasch wieder in den Berufsalltag mischen. Ich kann für mich nur sagen, mir wäre einfach die Decke auf den Kopf gefallen. Ich brauchte diesen Ausgleich, auch schon nach ein paar Monaten, nicht nur in Babysprache zu sprechen und Menschen mit ganz anderen Problemen, als eine volle Windel, ein quellender Bauch oder Hunger vor sich zu haben. Ich bin auch der tiefsten Überzeugung, dass es meinem Kind nicht geschadet hat. Er hatte somit immer Kinder in seinem Alter um sich, das hätte ich ihm so gar nicht ermöglichen können. Außerdem war ich in der gemeinsamen Zeit einfach entspannter. Qualität vor Quantität.

DIESER TAG, DER ALLES VERÄNDERTE

Im September geschah etwas, was unser aller Leben von einer Minute auf die andere veränderte. Es ließ alle davor gewesenen Probleme und Sorgen lächerlich erscheinen. Ich war in der Arbeit, als mich meine Mutter anrief. Sie erzählte mir ganz aufgebracht, dass mein Bruder einen Unfall gehabt hätte. Er arbeitet bei einer Jalousie-Firma in der Nähe. Er war beim Montieren in aller Früh aus dem Fenster gefallen. Er hätte überlebt, aber keiner würde noch mehr wissen. Außerdem meinte meine Mutter, dass sie seine Freundin nicht erreichen würde und ich ihr Bescheid geben solle, da sie schon am Weg ins Krankenhaus war.

Ich verließ meinen Arbeitsplatz und lief in die fünf Minuten entfernte Wohnung. Dort klingelte ich seine Freundin aus dem Schlaf und erzählte ihr, was passiert war. Entsetzt, voller Angst, ging ich wieder zurück in die Firma. Zu diesem Zeitpunkt wusste ich nicht, wie schlimm es tatsächlich war. Am Abend fuhr ich ins Krankenhaus und dann wurde mir bewusst, dass es nicht nur schlimm, sondern unfassbar schlimm war. Es konnte uns keiner sagen, ob er überhaupt überleben würde. In solchen Momenten vergisst man ganz schnell seine Alltagssorgen und es wird einem schlagartig bewusst, wie verdammt kurz ein Leben sein kann. Man sollte sich das immer wieder ins Bewusstsein rufen.

Es begann eine bangende Zeit. Ich war beinahe täglich im Krankenhaus. Wenn man so etwas nicht selbst erlebt, kann man gar nicht nachempfinden, in welchem Ausnahmezustand man sich befindet. Auf der Intensivstation war es ein sehr befremdliches Gefühl, ein Gefühl, das mich beinahe erdrückte. Und er … er lag einfach da. Er befand sich im Tiefschlaf. Angeschlossen an vielen Kabeln und immer wieder dieses Piepsen. Man fühlt sich in diesen Momenten hilflos.

Die Wochen vergingen und noch immer wusste niemand, wie es weitergehen würde. Manchmal machte ich mir mehr Sorgen um meine Mutter, die daran sichtlich zerbrach. Mein Bruder war gut aufgehoben und in guten Händen bei den Ärzten. Immer gab es eine neue Hiobsbotschaft. Es gab immer wieder Rückschläge. Plötzlich musste er wieder operiert werden oder der Druck im Kopf stieg unterwartet wieder. Die Ärzte versuchten mehrmals, ihn aus der Bewusstlosigkeit zu holen. Es gestaltete sich allerdings schwierig und es benötigte ein paar Versuche. Das Beängstigende war, dass niemand wusste, was uns erwarten würde, wenn er wach wurde.

Endlich wurde er aus dem Tiefschlaf geholt, dies dauerte ein paar Tage. Er schlief weiterhin sehr viel. Ein erster wunderbarer Moment war, als ich bei ihm war und er das erste Mal meine Hand drückte. Endlich ein Lebenszeichen. Nie vergessen werde ich den Tag, an dem ich gemeinsam mit meinem Stiefpapa und Stiefbruder (seinem ledigen Kind) am Krankenbett meines Halbbruders war. Da fiel folgender Satz: „Meine zwei Jungs – ich hoffe, es wird wieder alles gut und es wird euch den Rest eures Lebens an nichts fehlen.“

Alles klar – ich war auch noch da! Es kränkte mich, aber dieser Satz beschreibt ziemlich gut unser Verhältnis.

Der Weg zurück ins Leben war holprig. Mein Bruder konnte nicht sprechen, erst später mit Kanüle und damit hörte er sich etwas komisch an. Aber wir konnten uns wieder verständigen. Bald kam er dann nach Wien, auf Reha nach Meidling. Dort konnte ich ihn aus organisatorischen Gründen nicht mehr so oft besuchen. Meine Mutter war fast immer dort.

Auf Reha lernte er wieder essen, besser zu sprechen und selbstständig zu atmen. Er machte große Schritte zurück ins Leben und die Ärzte sprachen von einem Wunder. Nach einem Sturz aus dem Fenster inklusive Gehirnaustritt und den letzten bangenden Wochen war es auch ein Wunder. Die Tatsache, dass er ab dem Bauchnabel gelähmt war, war noch das geringere Übel. Hauptsache, er lebte.

Meine Mutter lebte damals in ihrer eigenen Welt, voller Sorge, voller Trauer. Sie war neben der Spur. Sie nahm extrem viel ab und brauchte dringend Unterstützung. Diese kam dann zum Glück auch schnell, sie lernte ihren heutigen Ehemann kennen. Er war selbst gerade vom Schicksal gebeutelt gewesen und sie unterstützten sich gegenseitig. Ich bin zwar nicht immer einer Meinung mit ihm, aber dafür, dass er meiner Mutter in dieser Zeit Halt gab und ihr Beistand leistete, bin ich ihm unendlich dankbar.

Zu Weihnachten durfte mein Bruder sogar nach Hause. Da ich in der größten Wohnung wohnte, ein Lift vorhanden war und ich Platz für das Krankenbett hatte, kam er für ein paar Tage zu mir.

Es war für mich sonnenklar, dass, wenn es die Möglichkeit gab, wir alles dafür tun mussten, um ihn für ein paar Tage nach Hause zu holen. Das taten wir auch. Enormer Aufwand wurde betrieben. Er kam bei mir unter. Ich zögerte nicht eine Sekunde und traute es mir auf alle Fälle zu. Meine Mutter nervte mich in diesen

Tagen wirklich – wahrscheinlich wäre sie einfach auch gerne bei mir eingezogen. Ich kann es ja heute nachvollziehen, sie war einfach besorgt. Aber ich fühlte mich, als würde sie mir nichts zutrauen. Es lief alles gut. Unsere ganze Familie feierte mit uns Weihnachten. Es war fast wie in Kindheitstagen. Es war ein wunderbares Weihnachten.

Die Tage vergingen schnell, aber ich muss zugeben, ich war erleichtert, als er wieder nach Wien kam. Es war schon eine mega Verantwortung und stressig. Wickeln, Medikamente rechtzeitig geben, Sondenernährung, alles reinigen und nichts zu vergessen. Einen Pflegefall zu betreuen ist ein 24-Stunden-Job, der dein eigenes Leben in den Hintergrund verfrachtet. Mir wurde damals klar, dass ich niemals in der Lage wäre, ein Familienmitglied auf Dauer zu pflegen. Zu diesem Zeitpunkt konnte er zumindest reden und sitzen, wobei er hierfür angegurtet werden musste.

Er war dann noch bis April in Wien. Männertechnisch war nicht sehr viel los, abgesehen von einem Stalker und ein paar Dates mit einem Koch. Der Stalker war mein Nachbar. Dies hatte sich aber nach kurzer Zeit genauso schnell wieder erledigt, wie es begonnen hatte. Ich kann nur sagen, gekommen ist es dazu, als ich die nette Nachbarin von unten spielte und sein Paket entgegennahm. Nie wieder nehme ich seither fremde Pakete an. Er schickte mir Briefe, stellte Geschenke vor meine Tür und verließ komischerweise immer zeitgleich das Haus. Der Koch war ebenfalls nur ein kurzes Date wert. Es war ziemlich anstrengend für mich, auf diesem Niveau täglich zu kochen. Außerdem trank er sehr gern. Seine Lieblingssätze waren: „Ich trink so gern“ und „Ex oder

Arschloch“. Diese Ansagen beflügelten mich auch nicht gerade, die Dates zu intensivieren.

Ich war aber auch mit meiner Familie und meinem Kind, das durch den Unfall natürlich auch etwas kürzer kam, beschäftigt. Ich nützte jeden Tag und versuchte jeden Tag zu genießen. Man kann nicht wissen, wie lange dies möglich ist. Wem konnte das in diesem Moment mehr bewusst sein als uns? Die Tatsache, dass meine Mutter ihren Enkel in Watte packen wollte, machte meine neue Einstellung zwar etwas schwierig, aber ich ließ mich nicht beirren. Ich hatte natürlich auch Angst, dass ihm etwas passieren könne, aber meine Schmerzgrenze war nur bezüglich offener Fenster und Balkonen sehr gering geworden.

Im April kam mein Bruder dann wieder für längere Zeit nach Hause. Mama hatte alles für die Zeit danach perfekt organisiert. Sie hatte sich dafür entschieden, eine 24-Stunden-Pflegekraft zu nehmen und ihn, mit dieser Unterstützung, selbst daheim zu betreuen. Sie hatte eine neue Wohnung gemietet, denn die alte im vierten Stock ohne Lift wäre zu einem unmöglichen Fitnessprogramm für sie geworden. Eine barrierefreie Wohnung mit Garten in der Stadt wurde es. Man kann sich gar nicht vorstellen, was ein pflegebedürftiger Erwachsener alles benötigt.

Wir haben meiner Mama noch ins Gewissen geredet und ihr vorgeschlagen, meinen Bruder in eine Einrichtung zu geben. Aber das wollte sie auf keinen Fall. Sie brachte es damals nicht über ihr Herz und war sich bestimmt nicht bewusst, wie schwer es werden würde.

KLASSENTREFFEN

Im April, kurz vor meinem Geburtstag, hatten wir von der Hauptschule ein Klassentreffen. Ich, als heimliches Organisationstalent, organisierte es seit Jahren, somit natürlich auch diesmal. Es hatten sich viele ehemaligen Mitschüler angekündigt und so machte ich mich voller Vorfreude auf den Weg zur Buschenschank am Stadtrand. Ich fuhr gemeinsam mit zwei Freundinnen hin. Wir waren unter den ersten Gästen. Langsam, aber sicher trudelten die Lehrer und unsere ehemaligen Mitschüler ein. Plötzlich betrat ein alter Schulkamerad aus der Parallelklasse den Raum. Ich verdrehte die Augen und meinte zu meiner Freundin: „Der Idiot kommt aber auch echt immer.“ Sie nickte, wir mochten ihn beide nicht besonders und er war wirklich einer der wenigen, die bei jedem Klassentreffen teilnahmen. Er wirkte arrogant und in der Schulzeit ging er uns einfach nur auf die Nerven. Damals machte er nur Dummheiten, um im Mittelpunkt zu stehen, war kindisch und unreif. Wir, damals schon mehr als „überreif“, im wahrsten Sinne des Wortes, kamen mit einem Pausenclown nicht zurecht. Irgendwie machte er bei all den vergangen Klassentreffen den Eindruck, als wäre er noch immer so.

Der Nachmittag verlief sehr lustig, alte Geschichten wurden erzählt und man wurde auf den neuesten Stand gebracht. Irgendwann saß ich dann durch Zufall neben oben besagten, nervigen Typen. Zu meiner Verwunderung war er sehr lustig und ich unterhielt mich prächtig mit ihm. Meine Freundin verstand die Welt nicht mehr und ließ mich das auch mit spitzen Bemerkungen spüren. Aber ich wurde neugierig und wollte wissen, was hinter seiner Fassade steckte. Außerdem hatten wir gerade eine tief gehende Unterhaltung und mir wurde klar, der war gar nicht dumm. Als der Großteil die Heimreise antrat, zogen die üblichen Verdächtigen, darunter auch er und ich, weiter, in ein anderes Lokal. Dort verlor ich ihn ein bisschen aus den Augen und war mit anderen alten Schulkollegen im Gespräch. Das passte ihm offenbar aber nicht und so kam er zu unserer Runde und sagte mit verwunderte Stimme zu mir: „Hey, ich dachte wir sind in LOVE?“

Mit diesem Satz überraschte er mich, brachte mich zum Lachen und wurde schlagartig interessant. Ich fand es charmant und fand seine braunen Teddybärenaugen mit jedem weiteren alkoholischem Getränk entzückender. Ich beendete mein Gespräch, entschuldigte mich höflich bei meinen Gesprächspartnern und widmete ihm meine volle Aufmerksamkeit. Wir knüpften an der Unterhaltung von vorhin an. Kurz darauf stand der nächste Lokalwechsel am Programm und wir gingen in eine Disco in die Stadt. Dort angekommen, ließ er mich nicht mehr aus den Augen oder vielleicht war es auch umgekehrt und ich habe ihn nicht mehr aus den Augen gelassen. Ganz egal, Tatsache war, dass er permanent in meiner unmittelbaren Nähe war oder zumindest in meinem Blickfeld. Irgendwann tranken wir gemeinsam an der Bar und vertieften unsere Gespräche. Wir redeten über Gott und die Welt und ich hatte das Gefühl, ihn schon ewig zu kennen. Das tat ich prinzipiell auch, aber eigentlich dann doch wieder nicht. Die Chemie stimmte sofort, wir lachten über dieselben Dinge und wir hatten zu vielen Dingen dieselbe Einstellung. Ich hatte meine anfängliche Meinung über ihn schon längst revidiert. Ich mochte ihn. Habe ich schon diese tollen Knopfaugen erwähnt? Darin verlor ich mich. Wahrscheinlich hatte er mich, wie die Schlange vom Dschungelbuch, hypnotisiert. Quasi in Trance versetzt, küssten wir uns, wie verliebte Teenager, heimlich hinter einer Säule – auch um den Blicken und Fragen der anderen auszuweichen. Es war ein toller Kuss. Ich hatte ja schon das ein oder andere Mal geknutscht, aber in diesem Moment habe ich die Schmetterlinge direkt gespürt und es kribbelte. Mir wurde ganz warm. Er war ein hervorragender Küsser. Ich wollte gar nicht mehr aufhören, so gut fühlte es sich an. Es, nein, er schmeckte nach mehr und er roch soooo gut.

Spätestens da war es um mich geschehen. Ich war komplett verschossen. Ich, bei der das normalerweise nie so schnell geht, ich, die immer überall was auszusetzen hatte, war hin und weg.

Viel zu schnell verging die Zeit, ich wollte diesen Mann nicht gehen lassen, am besten nie mehr, das wusste ich schon damals. So nahm ich zur späteren Stunde, ordentlich angetrunken, all meinen Mut zusammen und stotterte mit lallenden Worten und etwas schüchtern daher: „Hey, wwwwillst du vielleicht, unter Uuuuumständen, fallsss du nichts Besseres zu tun hast, bei mir – ALSO auf kkkkeinen Fall mit MIR, NURRR bei mir schlafen?“

Ohne nur eine Sekunde darüber nachzudenken, willigte er ein. Innerlich klopfte ich mir auf die Schulter und dachte mir: Na bitte, das ging ja easy. Yes, Baby, läuft!

Als es draußen schon wieder hell war, fuhren wir gemeinsam mit ein paar anderen ehemaligen Klassenkameraden mit dem Taxi nach Hause. Zu diesem Zeitpunkt hatte keiner nur den geringsten Verdacht, dass sich bei uns etwas angebahnt hatte, umso erstaunter waren sie, als ich vor meiner Wohnung aus dem Taxi stieg und er das ebenfalls tat. Wir verbrachten eine schöne, nein, ich korrigiere mich, eine wunderschöne Nacht zusammen. Hier ist festzuhalten, dass wir wirklich nicht miteinander geschlafen haben. Das war an diesem Abend, angesichts unseres Alkoholkonsums, auch gut so.

Abgesehen davon war ich schon immer der Meinung, dass man sich mit Sex in der ersten Nacht viel verbauen kann. Ich predigte schon immer, dass man am ersten Abend niemals einen Mann mit nach Hause nehmen sollte, schon gar nicht, wenn man sich mehr vorstellen kann. Ich bin generell nicht die Frau für eine Nacht. Insgesamt hatte ich bis zum heutigen Tag überhaupt nur einen tatsächlichen One-Night-Stand. Und an diesen Mann war ich nicht wirklich interessiert. Die Vorstellung neben einem fremden Mann aufzuwachen, fand ich noch nie sehr reizvoll und es kam quasi auch nie vor. Ich bin halt die romantische Sex-mit-Liebe-Frau und weniger die gefühllose Vöglerin. Geknutscht hatte ich oft schnell, aber auch das änderte sich mit dem Alter. Ließ ich früher diesbezüglich wirklich nichts anbrennen, verbrennen sich heute die Männer meistens die Finger bei mir. Ich finde, dass man nicht unbedingt beim ersten Date oder Treffen knutschen muss.

An diesem Abend warf ich allerdings alle meine Prinzipien über Bord. Er war ein wahrer Gentleman und kein einziges Mal brachte er mich in dieser Nacht in Verlegenheit. Ich hatte nicht eine Sekunde das Gefühl, dass er die Gelegenheit ausnützen wollte. Wobei ich hier gestehen muss, es gab Moment in dieser Nacht, in der ich mir wünschte, er würde mich ausnützen. Ich hätte ihm nicht widerstehen können. Niemals. Vernünftigerweise küssten wir uns aber nur und schliefen Arm in Arm ein. Es fühlte sich so an, als wäre es nie anders gewesen.

Ab diesem Klassentreffen waren wir auf alle Fälle in LOVE und nicht nur das, er wohnte ab dieser Nacht auch quasi bei mir. Am nächsten Tag, als er zu Mittag nach Hause fuhr, bekam ich alle 15 Minuten eine SMS, die mich auf dem Laufenden hielt. Diese Updates endeten erst abends, als er wieder vor meiner Tür stand. Die Tage vergingen wie im Flug und ich war wirklich bis über beide Ohren verliebt. Jeden Tag schlief er bei mir und jede freie Sekunde verbrachten wir gemeinsam. Während der Arbeit schrieben wir uns zahlreiche SMS und ich vermisste ihn. Ich freute mich auf ihn und konnte es fast gar nicht ertragen, ihn ein paar Stunden nicht zu sehen. Auch ihm ging es so. Er verließ die Haustüre, um zum Fußball-Training zu gehen und zwei Minuten später erreichte mich schon eine Nachricht mit folgendem oder ähnlichen Inhalt: „Ich vermisse dich schon :/, ich mag gar nicht zum Training." Mein Herz klopfte laut und in solchen Moment lächelte ich wie ein Breitmaulfrosch und war einfach nur dankbar. Dankbar, dass Gott ihn mir schickte. Nach der schwierigen Zeit, wandte sich alles zum Guten. Er war nach Ewigkeiten ein Mann, dem ich von 0 auf 100 mein Herz schenkte. Viele Dates oder, besser gesagt, beinahe jeder Mann in den letzten Jahren, gingen mir nach kürzester Zeit auf die Nerven und ich suchte schnell das Weite. Bei IHM war alles anders. Ich konnte nicht genug von ihm bekommen und es ging ihm anscheinend tatsächlich ähnlich. Zumindest gab er mir dieses Gefühl.

Anfangs ging er nach der Arbeit noch zu seinen Eltern nach Hause, um dort zu duschen und zu essen und kam erst danach zu mir. Schon bald ging er nur noch duschen zum elterlichen Haus und ich glaub, nach knapp drei Wochen kam er dann schon direkt von der Arbeit zu mir. Wir verbrachten jede Nacht zusammen und jeden Tag bereicherte er meinen Kasten mit einem neuen Kleidungsstück. Schon bald waren fast all seine Sachen in meiner Wohnung. Er war ein kluger Mann, machte es schleichend und unauffällig. Aber mich störte es überhaupt nicht, obwohl mir kurze Zeit davor noch der bloße Gedanke an eine Partnerschaft mit gemeinsamer Wohnung Angstzustände bereitete. Mit meinem Sohn verstand er sich auch gut. Er war sehr lieb und bemüht um den Kleinen. Ich fühlte mich angekommen und ich war der festen Überzeugung, meinen Traummann gefunden zu haben. Es gab nichts, was mich störte, abgesehen von der Tatsache, dass wir nach drei Wochen täglichem Beisammenseins noch immer keinen Sex hatten. Drei Wochen sind eigentlich nicht wahnsinnig lange, außer man war schon länger auf der Durststrecke. Scherz beiseite, aber da wir ansonsten ein sagenhaftes Tempo an den Tag legten, fand ich die angezogene Handbremse beim Thema Sex etwas komisch. Irgendwann fragte ich ihn etwas schüchtern und verlegen durch die Blume, ob er nicht Lust hätte mal ein bisschen „Wacki, wacki" zu machen? Fragt mich nicht, was ich mir mit „Wacki wacki" gedacht hatte. Es wurde definitiv ab diesem Tag ein Synonym.

Er grinste verlegen und küsste mich. Ich hatte schon Sorge, dass er mich nicht attraktiv finden würde oder er vielleicht irgendwelche Probleme hatte. Meine bescheuerte Frage führt an diesem Abend endlich zu dem ersehnten Beischlaf. Was soll ich sagen, es war fantastisch. Ich hatte das Gefühl den besten Sex meines Lebens gehabt zu haben. Keine Sekunde hatte ich etwas auszusetzen. Nicht am Sex und auch sonst NICHTS – ich konnte es selbst kaum glauben. Irgendwas gab es doch immer zu kritisieren, entweder die zu lange Nase, der Geruch, eine komische Handbewegung oder einfach nur ein falsches Wort. Bei ihm war das anders. Er war einfach nur wunderbar. Mit aufgesetzter rosaroter Brille hätte ich zu dieser Zeit selbst seine Fürze toll riechend gefunden. Ich erkannte mich selbst kaum wieder. Aber er war genau der Mann, den ich mir immer vorgestellt hatte: er gefiel mir optisch, er war klein, ca. 1,72 Meter, aber ich bin eine noch kleinere Frau und somit ersparte ich mir Genickschmerzen nach längeren Kussorgien, er hatte kein Gramm zu viel, aber er war auch kein Spargeltarzan, er hatte schöne braune Teddybäraugen, Grübchen, dunkelblonde Haare und ein Lachen, bei dem ich dahinschmolz. Er war vielleicht nicht der schönste Mann im ganzen Land, außer für mich. Außerdem hatte er Humor und Charme, er war handwerklich geschickt, wobei das noch untertrieben ist, er konnte einfach alles reparieren, und egal, was er anpackte, es funktionierte. Er war klug, er hatte ein wahnsinniges Allgemeinwissen, er spielte Fußball, er spielte Eishockey, er konnte singen und tanzen. Ich konnte mit ihm tanzen, so gut wie mit keinem anderen Mann zuvor. Und das Wichtigste, er mochte mein Kind und vor allem mich und das spürte ich. Ich konnte bei ihm zu 100% ich sein und das war ich auch. Er fand meine tollpatschige, chaotische, durchgeknallte Art auch noch süß.

Mein Geburtstag war nur ein paar Wochen nach unserem Wiedersehen. Es war einer der schönsten Geburtstage und dabei waren wir nur daheim. Meine damalige Arbeitskollegin war bei uns und wir spielten Singstars. Dass meine durchgeknallte, angeduselte Freundin meinen Balkon kurzerhand zu einem „Dirty-Talk“-Balkon umfunktionierte, schockierte ihn auch nicht. Er blieb noch immer. Der Abend war legendär, sicher eine Nacht, die mir immer in Erinnerung bleiben wird. Spätestens da wusste ich, es ist diesmal anders, etwas Ernstes und Festes. Kein Mensch der Welt hätte diesen Abend mit uns verbracht und wäre auch nur eine weitere Minute bei mir geblieben, wenn er mich nicht gemocht hätte. Somit war einer meiner Grundsätze, nur wer quasi schon mit mir verheiratet ist, darf meine Eltern kennenlernen, schnell verworfen und ich nahm ihn zu meiner Familie mit.

Es war die Geburtstagsfeier meines Bruders, der ja wieder zuhause war. Die fanden ihn sympathisch und sie haben schnell gemerkt, wie glücklich ich war, wie glücklich er mich machte. Somit hätte er zu diesem Zeitpunkt gar nichts falsch machen können. Auch die Situation mit meinem Bruder bewältigte er großartig. Er gab sich Mühe, er griff mir zu Hause unter die Arme und erledigte kleinere Reparaturen, brachte mir Blumen aus dem Garten seiner Eltern mit und schoss mir Stoffherzen auf Feuerwehrfeste. Es konnte nicht besser laufen. Die Tatsache, dass er am Wochenende weiterhin wie ein Singlemann fortging, war für mich anfangs noch in Ordnung. Ich vertraute ihm, außerdem nahm ich ihm den Schwur des Lebens ab. Ich bat ihn damals um eine Sache. Nachdem sich mein Ex-Mann schon sehr viel geleistet hatte und das natürlich nicht spurlos an mir vorbei gegangen war, wollte ich mir ein Revival dieser Art ersparen. So kam es, dass ich ihn eines Abends unter Tränen bat, mich niemals zu betrügen und zu belügen. Das wäre das Schlimmste und ich versicherte ihm damals, dass ich das kein zweites Mal durchstehen würde. Er versprach es mir hoch und heilig. Er machte mir glaubhaft, dass er ein Mensch sei, der niemals betrügen würde, denn er wurde selbst schon betrogen und das hätte ihn sehr verletzt. Er erzählte mir die Geschichte seiner Ex-Freundin und öffnete sich ein weiteres Stückchen. Nach diesem Abend fühlte ich mich noch verbundener.

TRAUM oder ALPTRAUM?

Ich alias Mutter Theresa dachte, dass er als jahrelanger Vollblutsingle einfach nur ein bisschen Zeit brauchen würde, um sich an ein Familienleben zu gewöhnen. So gab es auch keine Diskussionen bezüglich der Partys am Wochenende, außerdem war ich der festen Überzeugung, dass diese Wochenendeskapaden sich früher oder später von alleine legen würden.

Ein Männerurlaub mit einem Saufgelage in Kroatien nach zwei Monaten Beziehung brachte dann aber doch die ersten Diskussionen mit sich. Erfreut war ich nicht und das merkte er auch, aber es war eben schon alles gebucht und er war nicht bereit, seine Freunde im Stich zu lassen. Einige meiner Freunde meinten, ich sei zu „großzügig", aber ich sah es anders: Ich will meinem Freund nichts verbieten, ich will niemanden einschränken. Lieber wäre mir gewesen, er hätte von sich aus auf das Wochenende verzichtet. Tat er aber nicht, somit war ich traurig, aber akzeptierte. Herzallerliebst und um etwas versöhnlich zu wirken, nach den hitzigen Gesprächen der vergangenen Tage, packte ich ihm heimlich einen Jägermeister und ein kleines Briefchen in seine Tasche.

Ein flüchtiger Kuss früh morgens und schon war er weg. Das erste Mal nach Wochen war er ein paar Tage nicht da. Die Tatsache, dass er sich fast zwei Tage nicht gemeldet hatte, mich irgendwann im Vollrausch anrief und mich dann auch noch beschimpfte, beflügelte meine Angst eher, erneut dem falschen Mann zu vertrauen, als mein Vertrauen in Bezug auf Untreue zu stärken.

An diesem Punkt begann meine Wolke, auf der ich seit Wochen schwebte, zu sinken. Das erste Mal weinte ich wegen ihm, doch es sollte nicht das letzte Mal sein. Ich befürchtete, dass dieses Märchen, das so verlockend begann, auch schon wieder zu Ende war. War alles wirklich nur ein Traum gewesen?

Reumütig und ausgenüchtert stand er sonntagabends vor meiner Tür und entschuldigte sich. Leider konnte ich ihm nicht lange böse sein, schon gar nicht in der Anfangszeit. Seine braunen Teddybärenaugen und sein Gesichtsausdruck voller Reue waren in diesem Moment wohl stärker als jegliche doofe Aktion an diesem Wochenende. Er erzählte mir bis ins Detail was passiert war, sofern er es noch wusste. Laut eigenen Angaben konnte er sich nicht mehr erinnern, auch nicht an seinen Anruf. Angeblich blieb er aber treu. Was wirklich an diesem Wochenende geschah, können wohl nur die anwesenden Beteiligten selbst mit Sicherheit sagen.

Ich verzieh ihm, betrunken waren wir doch alle schon einmal, und somit war dieses Wochenende abgehakt. Aber das leichte, lockere Gefühl war etwas gewichen. Immer öfter gab es Streitereien. Immer öfter benahm er sich im Rausch vollkommen daneben. Dass er mich grundlos beschimpfte bzw. ganze Trinkgläser in den Mund nahm, diese mit einem Zug austrank und sich danach mitten im Lokal übergab, ging mir gewaltig gegen den Strich und führte nicht gerade zu Begeisterungswellen in mir. Langsam, aber sicher fühlte ich mich so, als wäre ein Teenager bei mir eingezogen – zumindest an den Wochenenden.

Einmal war ich zufällig auch mit Freunden an einem Freitag unterwegs und gegen Mitternacht vereinbarten wir, dass ich in ein Tanzlokal nachkommen würde. Gegen vier Uhr morgens dort angekommen suchte ich das ganze Lokal ab – bis ich ihn endlich schwankend an einer Bar fand. Als ich zu ihm ging und mit einem „Hallooooooo Schatz“ begrüßte, meinte er nur schwer verständlich: „Ich habe eine Freundin und darf mit fremden Frauen nicht sprechen.“ Dass in Wahrheit seine eigene Freundin vor ihm stand, hatte er wohl nicht mehr bemerkt. Ich dachte es war ein Scherz, aber Sekunden später drehte er sich um und verwechselte einen Barhocker mit dem Pissoir. Somit war dann auch mir klar, dass er MICH wirklich nicht mehr erkannte. Er kannte sich selbst nicht mehr. In diesem Moment schämte ich mich für meinen eigenen Freund und hätte ihn am Liebsten stehen gelassen.

Zum Glück war es schon spät und kaum mehr Leute im Lokal. Ich machte ihm klar, dass es Zeit wäre fürs Bett. Zum Glück war das Stadium erreicht, wo er wahrscheinlich in alles einwilligt hätte. Ich zerrte ihn ins Taxi und brachte ihn nach Hause.

Am nächsten Tag war, wie so oft davor und noch öfter danach, die Rede von einem Blackout. Er wusste angeblich nichts mehr. Zumindest beruhigt es mich ein wenig, dass er sturzbetrunken im Innersten wohl wissen würde, dass er eine Freundin hatte und andere Frauen tabu sind. Lag bestimmt an meinem Abschiedsritual vor dem Fortgehen. Es wurde nämlich eingeführt, dass es vor dem alleinigen Fortgehen SEX gab. Das zeigte selbst bei einem übererhöhten Alkoholkonsum offenbar seine Wirkung.

Er war ein anderer Mensch, wenn er trank. Vor allem war er ein Fass ohne Boden. Er konnte nicht nur ein paar

Getränke trinken, nein, er reizte es aus bis zur Ekstase, bis er quasi überging. Komischerweise trank er unter der Woche keinen Schluck Alkohol, demnach lief das normale Alltagsleben auch sehr gut. Wobei ich es sehr schade fand, dass er nicht zumindest hier und da mit mir ein Gläschen trank.

Nach gut vier Monaten sprach ich erstmals die finanzielle Thematik an, da er bis zu diesem Zeitpunkt keine Anstalten machte, mir auch nur einen Cent zu geben, obwohl er bei mir lebte. Da es langsam, aber sicher meinen finanziellen Rahmen sprengte, versuchte ich zaghaft nachzufragen, ob er sich nicht irgendwie an der Miete und an den Lebensmittelkosten beteiligen wolle. Seine Reaktion war: „Natürlich, und warum hast du nicht schon früher etwas gesagt?"

Ja, warum kommt man selbst nicht auf die Idee, dachte ich. Aber jemand, der noch nie eine eigene Wohnung hatte, der in einem Zimmer bei den Eltern, das seit 1990 nie mehr renoviert worden war, lebte, ja von dem kann man so etwas wahrscheinlich auch wirklich nicht erwarten. Liebe Frauen ich kann euch nur eines raten, wenn ein Mann mit 25 + ohne handfesten Grund noch immer zu Hause bei den Eltern wohnt, lauft, lauft schnell.

Aber zurück zu meinem Liebsten, ab diesem Gespräch beteiligte er sich an der Miete und an den Lebensmitteln zu einem Drittel. Er war bereit ein Drittel der Kosten zu übernehmen. Mit der einfachen Begründung – ich habe ein Kind. Er war der erste Mann, mit dem ich nach meiner Scheidung zusammen war und zusammenwohnte, somit wusste ich nicht so recht, was in einer solchen Situation angebracht sei, und willigte ein.

Ich wollte außerdem auf keinen Fall, dass mein Freund für mein Kind aufkommen musste. Heute sehe ich es noch immer so, aber was eine gemeinsame Wohnung betrifft, bin ich jetzt der Meinung, gehören die Kosten zur Hälfte geteilt, egal, wie viele Kinder vorhanden sind.

Kommen wir nun aber zu meiner neu gewonnen Familie. Seine Eltern hatte ich nämlich auch schon kennengelernt. Zu 100% war ich für seine Mutter eine absolute Lieblingsschwiegertochter. Beim ersten Treffen sagte seine Mutter zu mir: „Ich bin die Mama, du kannst ruhig Mama zu mir sagen."

Ich war etwas überfordert, aber ich fand es ganz süß und freute mich, dass sie mich von der ersten Sekunde an mochten. Mir war das Verhältnis auch sehr wichtig, zu meiner eigenen Mutter hatte ich seit dem Unfall meines Bruders etwas den Faden verloren. Schlicht und einfach deshalb, weil sie beschäftigt damit war, sich um meinen Bruder zu kümmern.

Das soll auch überhaupt kein Vorwurf sein, im Gegenteil sie leistete Großartiges. Sie kümmerte sich mit viel Hingabe um ihn und das war auf keinen Fall leicht. Der junge Mann rebellierte. Mit der neuen Situation konnten wir alle schwer umgehen, aber er überhaupt nicht. Ich konnte ihn verstehen und wenn ich ihn besuchte, wurde mir das aufs Neue bewusst. Ich war traurig, aber ich war auch der Meinung, dass irgendwann der Punkt kommen würde, wo er sein Schicksal akzeptieren und das Beste daraus machen würde. Ich wäre so. Er leider nicht. Er kam mit keinem einzigen Pfleger zurecht, er war sogar unfassbar gemein und ekelhaft. Auch immer öfter zu meiner Mutter. Sie versuchte ihn zu motivieren, sie forderte und förderte ihn, aber er wollte nicht so recht. Ich schlug ihm mal vor, ein Rollstuhl-Basketball-Team zu besuchen, doch er meinte nur: „Was soll ich bei diesen Behinderten?“

Es war alles anstrengend und wir alle doof. Die Lähmung war aber nicht das Schlimmste, das war sein Kopf. Er war durch den Aufprall nicht mehr der Alte. Er war geistig nicht mehr fit bzw. war es tagesverfassungsabhängig. Einmal spielten wir DKT und er konnte alle Preise auswendig, beim nächsten Mal tat er sich schwer, die Würfelaugen zu erkennen.

Als seine Freundin ihn verließ, fiel er in ein noch größeres Loch. Wie groß dieses war, war uns erst bewusst, als er sich das Leben nehmen wollte. Mit einem Stift, den er sich in den Oberschenkel rammte. Er verblutete beinahe, doch zum Glück rettete der damalige Pfleger ihn in letzter Sekunde. Die Stimmung in der Familie war damals natürlich neuerlich am Tiefpunkt. Wir waren mit unserem Latein am Ende. Die Angst meiner Mutter stieg natürlich, denn man konnte ihn nicht 24 Stunden überwachen. Dieser Unfall war eine große Herausforderung für uns alle und es sollte sich herausstellen, dass wir am Ende des Tages daran zerbrachen.

Durch diese ganze Tragik freute ich mich umso mehr, in der Familie meines Partners halt zu finden. Ich verstand mich gut mit den Eltern und fühlte mich sehr gut aufgenommen. Auch mein Kind war sofort als Enkelkind deklariert. Sie betonten immer wieder, dass ihr Sohn sich zum Positiven veränderte und ich einen guten Einfluss auf ihn hätte. Er war offensichtlich ein besseres Kind, dank mir, geworden. Betonung liegt bei Kind.

Die Beziehung zu den Schwiegereltern intensivierte sich schnell und ich war im regelmäßigen Kontakt mit ihnen, auch ohne meinem Partner. Schwiegereltern waren aber auch noch nie mein Problem. Eltern waren schon immer von mir fasziniert, übrigens ist das auch heute noch so. Egal ob von potenziellen Kandidaten, von normalen platonischen Freunden oder von meinen Männern, ich bin der absolute Liebling aller Mütter und Väter.

Ich war glücklich, abgesehen von den Saufereien und Reibereien am Wochenende. In keiner Beziehung ist alles super und auch hier wird es besser, redete ich mir zumindest ein. Aber es gab ja auch schöne Zeiten, ich konnte mit ihm über alle möglichen Themen quatschen, er fing mich auf, wenn mich die Situation mit meinem Bruder wieder auffraß, wir hatten dieselben Grundeinstellungen, wir konnten viel gemeinsam lachen und ich fühlte mich angekommen – ich fühlte mich vollkommen. Er ergänzte mich gut.

Ich kann es gar nicht genau beschreiben, so ein Gefühl war neu für mich. Ich war wohl grenzenlos verliebt und habe bedingungslos geliebt. Es fühlte sich für mich immer an, als gäbe es eine einzigartige Verbindung zwischen uns, mit nichts gewesenem vergleichbar und schon gar nicht erklärbar.

Dieses Gefühl bestärkte mich, als sich meine Scheidungs-Krücke zu dieser Zeit wieder öfter meldete. Mit dem Beginn meiner Beziehung war der Kontakt gänzlich abgebrochen. Ich zog mich zurück und er ebenfalls. Wir hatten das vergangene Jahr, vor meiner Beziehung, zwar regelmäßig Kontakt gehalten, aber dieser basierte auf einer platonischen Ebene. Er hatte öfters neue Frauen an seiner Seite und erzählte mir davon. Mich verletzte es damals zwar immer noch, aber die Sache war gegessen.

Jegliche Hoffnung auf eine gemeinsame Zukunft begraben. Abgesehen davon, dass er überhaupt keinen Kopf für eine ernsthafte Beziehung hatte, da es etliche Konfliktpunkte mit der Kindsmutter gab, erinnerte mich alles zu sehr an die Streitpunkte mit der Kindsmutter meiner Stiefkinder in meiner Ehe. Wahrscheinlich war ich aber genau deshalb immer wieder eine Anlaufstelle für ihn. Ich konnte verstehen was er durchmachte. Wenn es mir zu viel wurde, ging ich auf Abstand. Ich hatte bestimmt noch Gefühle für ihn, aber ich wollte nicht noch einmal diese Dramen durchleben. Ein Mann mit Kind kam mir nicht mehr ins Haus, nicht mal er. Auch heute noch kommt ein Mann, der erst kürzlich von der Mutter seines Kindes/seiner Kinder getrennt ist, nicht in Frage, weil ich weiß, dass es im Schnitt mindestens zwei Jahre dauert, bis sich das Verhältnis zwischen den Ex-Partnern normalisiert. Gerade am Beginn der Trennung sind noch viele Wunden offen, die erst geheilt werden müssen, und bei gemeinsamen Kindern dauert die Wundheilung automatisch länger. Man ist immer wieder damit konfrontiert und kann sich nicht wie ein kinderloses Paar ein paar Wochen aus dem Weg gehen, bis das Gröbste vorbei ist.

Zurück zu meiner alten Wunde. Plötzlich meldete er sich wieder öfter und wollte sich treffen. Ich willigte ohne Hintergedanken ein. Wir hatten uns bestimmt ein halbes Jahr nicht gesehen. Überraschenderweise bat er mich bei diesem Treffen um eine Chance. Obwohl ich ein Jahr zuvor, für so eine Bitte „gestorben“ wäre, machte es mir in diesem Moment nichts aus. Es warf mich nicht aus der Bahn, er warf mich nicht mehr aus der Bahn. Ich hatte mir doch so sehr gewünscht, dass er mir

/uns eine Chance geben würde und jetzt, wo er es endlich tat, war es mir egal. Er bemühte sich, mir sein Handeln von damals zu erklären. Warum er nicht bereit war, bereit für mehr. Angeblich war er der Verantwortung, die ein „fremdes" Kind mitgebracht hätte, nicht gewachsen. Gefühle waren definitiv da. Ob es wirklich nur die Verantwortung war, kann ich heute nicht sagen, aber zumindest ergab es Sinn, denn durch die Geburt seiner eigenen Tochter hatte er wohl gelernt, Verantwortung zu übernehmen. Verantwortung hin oder her, nüchtern betrachtet waren seine Gefühle einfach nicht ausreichend. Obwohl die Entscheidung gegen mich und sein Verhalten, das bestimmt nicht immer korrekt war, mich in den Jahren davor einige Tränen gekostet hatten, war und bin ich sehr dankbar, dass er ein Teil meines Lebens ist.

Der Kontakt verlor sich, als er seinen „Zweck" in meinem Leben erfüllt hatte, er half mir über die Scheidungszeit hinweg und mehr war wohl für uns nicht vorgesehen. An diesem Abend, an diesem Punkt in meinem Leben, brauchte ich nicht eine Sekunde, um eine Entscheidung zu treffen. Ich verschwendete keinen Gedanken an ein mögliches Revival. Es tat eher meiner Seele und meinen Ego gut, dass er, der Mann, der mich als Einziger in den letzten Jahren nicht wollte, doch noch mein Potenzial erkannte und mich plötzlich als Frau an seiner Seite sah. Ich empfand Genugtuung.

Ich hatte ja meinen Traummann gefunden. Es war definitiv zu spät und der Zug war abgefahren.

Hin und wieder hörten wir uns die letzten Jahre und ich freue mich auch heute noch aufrichtig, wenn ich ihm zufällig begegne. Dass er für mich da war, werde ich nie vergessen. Ohne ihn hätte ich meine Scheidung nicht so gut gemeistert. Übrigens, er hat kurze Zeit später seine heutige Ehefrau kennengelernt und noch ein Kind bekommen – wo ich die ehrenvolle Aufgabe hatte, die Tauftorte zu zaubern.

Ich, noch mehr beflügelt nach diesem Abend, war glücklich, endlich den Partner gefunden zu haben, der mich perfekt ergänzte. Immerhin hörte er sich freiwillig Schlager an, war ein hervorragender Discofox-Tänzer und er verschmähte meine Kochkünste nicht. Nein, im Gegenteil, ihm schmeckte mein Essen sogar. Gute zehn Kilo mehr auf der Waage bestätigten diese Theorie. Er schaute mit mir „Frauenserien" wie „Greys Anatomy" und „Teenager werden Mütter" und gab mir meine Freiheiten, die ich durch meine unzähligen Hobbys brauchte.

Noch dazu hatte er meinen Humor und konnte singen. Oft sahen wir uns nur an und verstanden uns blind. Auch die Beziehung zwischen meinem Sohn und ihm wurde enger. So kam es auch, dass mein Sohn eines Tages zu mir kam und mich fragte, ob er nicht Papa sagen dürfte, denn eigentlich war er ja jetzt der Papa. Er spielte mit ihm, er brachte ihm das Fahrradfahren bei, er brachte ihn manchmal ins Bett und er war für ihn da. Mein Kind hatte ihn akzeptiert und auch in sein Herz geschlossen. Lustigerweise führte ich in derselben Woche, unabhängig von dem Gespräch mit meinem Sohn, ein ähnliches mit meinem Freund. Er meinte, er fühle sich hin und wieder ausgeschlossen bzw. dadurch, dass mein Sohn ihn beim Namen nannte, oft nicht dazugehörig. Ich erzählte ihm von dem Wunsch des Kindes und war dann eigentlich nur der Vermittler der beiden.

Ab diesem Zeitpunkt hatte mein Kind zwei Papas. Diese Tatsache fand er super. Wer hat schon zwei Väter?

Überall erzählte er diese Neuigkeiten voller Stolz. JEDEM, manchmal war ich von der Offenheit meines Kindes peinlich berührt, denn das Gesicht der Wurstverkäuferin beim Supermarkt war etwas skeptisch, als der Kleine ihr von zwei Vätern erzählte.

Noch immer war der Kontakt zu dem leiblichen Vater mehr schlecht als Recht. Immer wieder versuchten wir es, immer wieder gab es Phasen, wo es funktionierte, aber immer wieder leider auch nicht. Seit ich wieder liiert war, war es aber für mein Kind nicht mehr schlimm, zumindest spürte ich diese Enttäuschungen nicht mehr, denn er hatte ja jetzt einen Papa bei sich. Diese Veränderung spürte auch der Kindsvater. Ich kann mich noch gut erinnern, als er ihn nach einem Papa-Wochenende nach Hause brachte und ich die Tür öffnete, der Kleine in die Wohnung lief und aufgeregt schrie: „Papaaaaa, wo bist du???“ Er beachtete mich nicht und rannte mit ausgestreckten Armen zu meinem Freund. Das hat meinen Ex-Mann sehr getroffen. Aber was soll ich sagen, irgendwann rächt sich jedes Verhalten.

Er hatte beinahe schon Heiratspotenzial, der Mann an meiner Seite, oder? Wenn nicht die anfängliche Unternehmenslust zu Unternehmensfrust geworden wäre und besagter Mensch eigentlich nur noch für die Arbeit, Kino, Essen und fortgehen aus dem Haus zu bekommen war. Vorzugsweise ohne mich natürlich. Ein einziger Familienbesuch bei seinen Eltern kostete mich oft Überredungskünste den ganzen Vormittag.

Ich hasste diese unnötigen Diskussionen. Ich verstand sie auch nicht. Ich als absoluter Familienmensch konnte es einfach nicht kapieren. Was ist so schwer, ein paar

Stunden mit seinen Eltern oder mit seinen Geschwistern zu verbringen? Es wollte nicht in meinen Kopf.

Auch Freunde von ihm kamen nie zu uns und wenn ich meine einlud, gab es ebenfalls Diskussionen. Für mich war diese Tatsache schrecklich, denn ich war schon immer sehr gesellig und hatte immer schon gern ein volles Haus.

DIE TRENNUNG

Nach circa einem Jahr waren die Streitereien derart häufig, dass es zu einer Trennung kam. Es ging um die Wochenenden, Unternehmungen, um das Kind und permanent um Geld. Er wollte noch immer jedes Wochenende fortgehen. Das Hauptproblem war hier, dass er so viel trank, dass auch die folgenden Tage im Eimer waren. Nicht selten war es, dass er auch noch montags absolut fertig und unansprechbar war. Meine Hoffnung, irgendwann würde sich diese Problematik automatisch auflösen, war verschwunden. Es gab wirklich oft Streit. Zu Beginn stritten wir am Tag des Fortgehens, irgendwann begannen die Diskussionen schon mittwochs und am Schluss fetzten wir uns schon Sonntag, wegen des kommenden Wochenendes. Er war uneinsichtig und beharrte auf seine Zeit für sich. Der zweite Streitpunkt war, wir unternahmen nichts gemeinsam. Ich verbrachte die Wochenenden alleine mit meinem Sohn, während er seinen Rausch ausschlief. Gelegentlich gingen wir gemeinsam essen mit den Eltern. Aber das war es. Selbst an den Wochenenden, an denen ich kinderlos war, unternahm er oft nichts mit mir und ging alleine fort. Ich akzeptierte das aber nicht mehr und so kam es unvermeidlich zu Diskussionen. Ich hatte den Punkt übersehen. Ich war zu lange die verständnisvolle Freundin. Auch das Kind wurde immer häufiger zum Streitthema. Seine anfängliche Meinung zu meiner Erziehung teilte er schon lange nicht mehr. Er fand, ich sei zu lasch. Ich im Gegenzug fand, er war sehr streng. Zu streng. Er verlangte zu viel. Mein Kind war zu diesem Zeitpunkt gerade fünf Jahre alt geworden. Für ihn war selbstverständlich, dass ein

Kind morgens im Bett liegen bleiben muss, bis es dem Kind genehmigt wird, aufzustehen. Das ist kein Scherz. Das war sein bitterer Ernst. Jeder Mensch, der schon mal mit Kindern zu tun hatte, weiß, dass man von keinem Fünfjährigen verlangen kann, dass er nach dem Aufwachen noch zwei Stunden still im Bett liegen bleibt. Absoluter Schwachsinn.

Er bestrafte ihn oft wegen Kleinigkeiten. Wenn der Kleine zum Beispiel das Licht vergaß abzudrehen, musste er den Lichtschalter halten. Diese Maßnahmen führten ebenfalls zu Streit. Ich fand sie übertrieben. Ich hatte das Gefühl, er hätte ernsthafte Aggressionen gegen das Kind oder im Allgemeinen gegen Kinder. Fremde Kinder mochte er sowieso nicht. Er wollte nie ein fremdes Kind tragen oder sich damit beschäftigen. Zu Beginn unserer Beziehung noch begeistert von der Vorstellung, einmal selbst ein Kind zu bekommen, war schon der Gedanke zu diesem Zeitpunkt der blanke Horror. Er hatte den klaren Entschluss getroffen, kein eigenes Kind zu zeugen. Für mich war das ein Schlag. Ich wollte immer zwei Kinder haben. Anfangs dachte ich, er würde seine Meinung irgendwann ja vielleicht ändern. Da war ich wieder, das naive, dumme Mädchen. Nach etlichen Überzeugungsversuchen akzeptierte ich aber seine Entscheidung, ich hatte schon ein Kind und ich liebte diesen Mann bedingungslos. Somit war für mich klar, dass ich auf ein weiteres Kind verzichten würde. Der Hauptstreitpunkt war aber das liebe Geld. Er wollte prinzipiell nie irgendetwas zahlen, irgendwo mitmachen oder irgendetwas unternehmen – denn es kostet alles so viel Geld. Reisen, Ausflüge, Geschenke, Unternehmungen waren einfach zu teuer. Dass er in einer Samstagnacht aber durchaus im Stande war, über 500 Euro zu verbrauchen, war egal! Diese damals unüberbrückbaren Differenzen führten zu einer Trennung. Er zog zurück zu seine Eltern.

Durch Zufall erfuhr ich schon ein paar Tage später, warum es permanent in unserer Beziehung um Geld ging. Denn eigentlich verdiente er sehr gut. Er hatte keine Kinder (für meines kam ich gänzlich alleine auf), die Wohnungs- und Lebensmittelkosten waren mit 350 Euro für ihn auch sehr niedrig gehalten – und ein eigenes Auto hatte er auch nicht. Er hatte ein Firmenauto oder MEINES. Der Grund war so einfach und doch auch so unglaublich für mich.

DIE heimliche LIEBE

Er war ein Spieler. Er hatte ein Spielproblem. Die Ex-Freundin von seinem besten Freund erzählte mir das, mehr oder weniger unabsichtlich in unserer Trennungsphase. Sie war der Meinung, ich wüsste Bescheid und hätte mich damit arrangiert. Ich war sprachlos, zweifelte aber keine Sekunde an ihrer Behauptung und erfuhr danach auch, dass JEDER davon wusste, nur ich eben nicht. Er verspielte sein Geld. Und ich hatte keinerlei Ahnung. Aber es wurde vieles für mich plötzlich klar. Der Nebel vor meinen Augen verschwand und das Puzzle ergab plötzlich Sinn. Na logo, ein Automatenspieler, der kein Geld ausgeben wollte, weil er es zuvor schon verspielt hatte. Hurra, das habe ich ja noch gebraucht. JACKPOT!

In dieser Phase dachte ich viel über einzelne Situationen nach und ich hatte etliche Aha-Erlebnisse. So erinnerte ich mich noch an einen lustigen Abend, der Monate zurücklag. Ich war mit meinen Eltern und ihm in dem Stammlokal meiner Eltern. Zu diesem Zeitpunkt gab es zu jedem Getränk an der Bar einen Gratis-Jeton für die Automaten. Da es am Trinken noch nie in unserer Familie gescheitert ist, hatten wir einige Jetons zusammen. Zu späterer Stunde sagte ich zu ihm: „Hey komm, hauen wir die Dinger rein – vielleicht gewinnen wir ja.“ Ich muss dazu sagen, dass ich nichts, aber absolut gar nichts damit zu tun hatte und mich wirklich nicht auskannte oder besser gesagt kenne. Es ist für mich auch absolute Zeitverschwendung, einem dummen Automaten mit Früchten zuzusehen.

Jedenfalls gingen wir ins Casino nebenan und warfen die Münzen ein. Ich, planlos und ohne Ahnung, von dem was ich gerade machte, sagte immer wieder: „Hilf mir, hilf mir." Zuerst sah er nur zu und meinte: „Ich habe doch auch keinen Plan." Innerlich muss er schon gekocht haben vor Wut, so blöd, wie ich mich anstellte. Ich wusste anfangs ja nicht mal, welchen Knopf ich drücken musste. Irgendwann hat er dem Trauerspiel aber ein Ende bereitet und griff ein. Wir gewannen dann auch. Es sah für mich so aus, als hätte er einfach Glück, denn er versicherte mir immer wieder, selbst vor Jahren das letzte Mal an einem Automaten gesessen zu sein. Er versprach sich sicher nur und wollte eigentlich sagen, GESTERN, in der Mittagspause. Ich zweifelte damals aber nicht daran und dachte nicht weiter darüber nach.

Als diese Frau mir die Augen öffnete, klingelte es zur Abwechslung mal bei mir. Ich habe ab diesem Zeitpunkt verstanden, warum er oft kein Geld hatte, nicht ins Kino gehen wollte, für keine Reisen bereit war oder bei täglichen Ausgaben klemmte. Ich erfuhr, dass er das schon seit Jahren betreibt und immer, wenn es ganz schlimm wurde, er sogar schon mehrmals sein geliebtes Motorrad verkaufen wollte. Auch das war ein paar Wochen zuvor Thema. Es kam mir spanisch vor, er liebte dieses Teil. Eines Tages hörte ich ein Telefongespräch, bei dem er mit jemandem bezüglich des Preises verhandelte. Nachdem ich ihn drauf ansprach, meinte er nur, dass er sich eine neue, bessere, stärkere im Frühjahr kaufen wolle. Ich bin schon froh, ein Moped von einem Motorrad unterscheiden zu können, somit reichte mir diese Begründung. By the way, er hat dieses Motorrad heute, sechs Jahre später, immer noch.

Die Trennung war dennoch da, aber ich nahm es ihm weniger übel und schob viele Dinge auf seine „Krankheit“. Bewusst verwende ich hier den Ausdruck Krankheit, denn das ist es für mich, es ist eine Suchtkrankheit, hat schon viele Existenzen gekostet und viele Familien, viele Menschen zerstört. Da ich ihn trotz Trennung noch liebte, machte ich mir auch wahnsinnige Sorgen und Vorwürfe, es nicht bemerkt zu haben. Denn ich hätte ihm ja helfen können. Da war sie wieder, „Mutter Theresa“, eingekleidet in hoffnungsloser Naivität. Heute weiß ich, man kann NIEMANDEM helfen, wenn er sich nicht helfen lassen will und bereit ist, sich selbst zu helfen. Da ist es übrigens ganz egal, welches Problem man hat.

Die Trennung gestaltete sich schwierig. Ich vermisste ihn sehr. Es war kaum ertragbar. Er war nämlich immer wieder präsent und wir verloren uns nie gänzlich aus den Augen. Allerdings kam es für ihn nicht in Frage, es noch einmal zu probieren. In schwachen Momenten gab er zwar zu, dass er mich liebte, aber er betonte immer, dass ich und mein Kind an dem ganzen Schuld seien. Ich habe mehrmals das Gespräch mit ihm gesucht, wegen seines Spielproblems. Aber er hatte seiner Ansicht nach ja kein Problem und noch schlimmer, jedes Mal, wenn ich davon anfing, entfernte er sich emotional wieder Kilometer weit von mir. Somit musste ich dieses Thema erstmal ruhen lassen. Er tat mir in dieser Phase oft weh, denn er flirtete oft mit anderen Frauen, auch vor mir. Er provozierte mich, und die temperamentvolle Frau mit selbstzerstörerischem Hang in mir sprang natürlich darauf an. Ich reagierte teilweise wie eine Furie und kam nicht weiter. Offenbar gefiel es ihm, somit musste eine Lösung her. Ich las einen wunderbaren Ratgeber mit dem vielversprechenden Titel, „Wie gewinne ich das Herz eines Mannes“, und änderte die Taktik.

Als wir uns wieder einmal zufällig in einem Lokal begegneten, stellte er sich absichtlich vier Meter neben mich und küsste eine andere Frau. Sie war hässlich und fast einen Kopf größer als er. Lächerlich und keine ernst zu nehmende Konkurrenz, dachte ich. Als ich diesmal nicht darauf reagierte, kam er noch näher. Ich reagierte wieder nicht. Als er mit dem Speichelaustausch fertig war, ging ich an ihm vorbei, schenkte ihm mein wunderbarstes Lächeln und grüßte freundlich. Ich erinnerte mich an den Ratgeber und ignorierte die andere Frau. Ich erzählte eine kurze Anekdote seiner Mutter, mit der ich nach wie vor im besten Kontakt stand, und brachte ihn damit zum Lachen. Bevor er noch etwas sagen konnte, verabschiedete ich mich und ging weiter. Ich hätte nie gedacht, dass eine Bedienungsanleitung für Männer wirklich funktionieren könnte. Aber es war so, denn plötzlich rief er mir folgendes hinterher: „Ich mach das nur, um dich zu vergessen.“ Ich drehte mich so ladylike, wie es mir möglich war, um. Jeder, der mich kennt, weiß, ich bin eher ein Elefant im Porzellanladen als eine Lady. Ich bemühte mich aber, begann zu lachen und antwortete sehr überheblich: „Mit so einer Frau, wird das leider nicht möglich sein.“

Er drehte sich um und verschwand in der Menge. Wenig später stand er wieder neben mir. Die Frau war trotz des Gespräches, das sie ja hautnah miterlebte, noch immer neben ihm. Wir kamen erneut ins Gespräch. Er sagte mir, dass er mich lieben würde und auch das Kind so vermissen würde. Mir war das alles zu viel, ich begann zu weinen und ging nach Hause. Immer wieder versuchte er mich einzulullen, gleichzeitig schikanierte er mich aber. Angeblich hatte er in der Trennungsphase nie Sex mit einer anderen Frau, Kontakt und Schmusereien natürlich. Obwohl wir immer Kontakt hatten. Auch unser körperlicher Kontakt wurde aufrechterhalten und kam nicht zu kurz. Peinlicherweise war dieser häufiger als in der Partnerschaft.

Einer dieser körperlichen Kontakte führte zu Brechreiz und einer Panikattacke meinerseits. Denn nach plötzlicher, schwerer, nicht enden wollender und nicht termingerechter „Regelblutung" war ich beim Frauenarzt gelandet. Der meinte, dass ich zu 99 % gerade ein Kind verloren hätte. Schon wieder? Und diesmal wusste ich nicht einmal davon. Ich beschloss es ihm nicht zu sagen. Erstens war es nicht mehr relevant, wir waren getrennt. Zweitens wollte er nie Kinder – ich hatte Angst, er hätte behauptet, ich wollte ihm eines andrehen, damit wir es noch mal versuchen würden. Drittens hatte sich das Kind es sich so oder so anders überlegt. Ehrlich gesagt, bei seinen Vaterqualitäten und unserer katastrophalen Beziehung, die nicht mal mehr eine war, war es dem Kind nicht zu verdenken.

Ein paar Tage später war er wieder bei mir gelandet und er sang mir ein Lied vor. Natürlich im Vollrausch, nach dem Fortgehen, aber der Text saß einwandfrei. Falls die Frage aufkommt, warum ich den Kontakt nicht abbrach, ich liebte ihn abgöttisch und anscheinend bin ich etwas masochistisch veranlagt. Außerdem hatte ich ein Wertschätzungsproblem. Anders kann ich es mir im Nachhinein auch nicht erklären. Zurück zu dem Song, der hieß **„The Story".** Es war eines seiner Lieblingslieder und treffender ging es in diesem Moment wohl nicht.

Diese Situation brachte mich zum Weinen. Nein, nicht, weil er nicht singen konnte, konnte er ja sogar sehr gut. Ich liebte es, wenn er sang und ich habe ihn oft angefleht mir etwas vorzusingen. Ich liebe Männer, die singen können, vielleicht war das auch der wahre Grund, warum ich nicht loslassen konnte. Ich sah uns doch schon in der Kirche, ich auf dem Weg zum Altar, er vorne in Warteposition, das Einzugslied selbst singend. Hoffnungslose, romantische blöde Kuh eben. Aber nun weiter …

Ich heulte und die zweite Fehlgeburt machte mir in diesem Moment schwer zu schaffen, oder die ganze Situation überhaupt. Das Lied, die Trennung, die nur eine halbe Trennung war, und sein Gesang. Bei der Textstelle „I was made for you", die er in Dauerschleife plötzlich sang, erzählte ich ihm vom Frauenarztbesuch. Er hatte wohl nicht richtig zugehört und machte mir bittere Vorwürfe, dass ich sein Kind abgetrieben hätte. Das war das erste und einzige Mal, dass ich das Gefühl hatte, er hätte kein Problem mit einem Kind gehabt. Ich habe die Situation schnell aufgelöst, er war sichtlich geschockt, tröstete mich aber und wir schliefen nebeneinander ein. Ich fühlte mich in diesem Moment aufgefangen. Nie wieder haben wir darüber gesprochen. Wahrscheinlich konnte er sich am nächsten Tag nicht einmal mehr daran erinnern.

Trotz Trennung war er für mich da, wenn ich ihn gebraucht habe. Manchmal zumindest! Beim Fortgehen wurde mir einmal eine Substanz ins Glas getan. Ich war mit zwei Freunden unterwegs und ich hatte keine Ahnung mehr, wie ich nach Hause gekommen war. Meine Freunde erzählten mir am nächsten Tag, dass sie mich mit dem Taxi gegen ein Uhr früh nach Hause gebracht hätten. Da ich an diesem Tag erst spät mit dem Auto von Wien kam, selbst fuhr und ich lediglich zwei Getränk hatte, war klar, dass ich nicht betrunken war. Ich wachte ohne jegliche Erinnerung völlig zerstört in meiner Wohnung auf und hatte schwerste Halluzinationen. Der Kleine kam gegen Mittag wieder nach Hause. Verzweifelt rief ich ihn an und bat um Hilfe. Er kam sofort und kümmerte sich um mich bzw. um den Kleinen. Was ich damit sagen will, hin und wieder hatte er auch gute Momente, er war nicht nur ein egoistisches, spielsüchtiges Arschloch.

Als mich die Nachricht erreichte, dass mein leiblicher Vater im Sterben liegen würde, hatte er mich auch getröstet, auch wenn der eigentlich nur mein Erzeuger war, traf es mich.

Ich hatte meinen Erzeuger nämlich erst spät kennengelernt und der Kontakt war spärlich. Das lag daran, dass man nicht täglich ins Gefängnis kann, um einen Häftling zu besuchen. Ja, mein leiblicher Vater war ein Gefangener. Eigentlich schon immer, mit wenigen Pausen, als Kind oder Teenager war es ein Problem für mich, ich schämte mich dafür. Daher war ich ganz froh, dass er nicht greifbar war. Meinem Ex-Mann konnte ich verdanken, dass ich ihn am Anfang unserer Beziehung kennenlernte. Wir hatten seit meiner Matura Briefkontakt. Als ich meinem späteren Mann damals davon erzählte, drängte er auf einen Besuch. DANKE dafür. Ich bin wirklich froh, dass ich mich an der Seite meines Ex-Mannes damals dazu im Stande fühlte. Ich war damals sehr aufgeregt und hatte Angst. Einen Verbrecher, der dir eventuell Gene vererbte, traf man ja nicht alle Tage, und ich war erst 19 Jahre alt. Das Treffen war eigenartig, ich kann mich aber noch gut erinnern, dass ich permanent auf der Suche nach Ähnlichkeiten war. Ich fand sie auch. Alle Menschen sagten immer, ich sehe wie meine Mutter aus, aber wenn man meinen Vater kannte, wusste man, ich sah aus wie er. Seine grünen Augen hatte ich definitiv von ihm. Auch gewisse Worte benützte ich gleich. Spannend, wenn man bedenkt, dass man nie einen Bezug zu dieser Person hatte und sich dann eingestehen musste, dass trotz allem eine Verbindung bestand. Ich versuchte ihm mit so wenigen Vorurteilen, wie es mir möglich war, zu begegnen. Schaffte ich auch. Mir war wichtig, dass er kein Vergewaltiger war und kein Kinderschänder. Den Rest ließ ich mir zwar haargenau erklären, aber ich verurteilte es nicht.

Der Kontakt wurde immer wieder auf die Probe gestellt. Er lebte schlicht und einfach in einer anderen Welt, die jahrelang von Drogen, Alkohol, Medikamenten, dem Rotlichtmilieu und dem Gefängnis geprägt waren. Aber immer, wenn es ihm gesundheitlich gerade sehr schlecht ging, wurde ich informiert. In den letzten Jahren wurde ich immer wieder mal ins Krankenhaus zitiert. Ich besuchte ihn auch. Er hatte am Ende des Tages nur mich. Der Kontakt war aber nach einem Besuch, wo er über einen Ausbruch sprach, wieder auf Eis gelegt worden. Als ich damals informiert wurde, dass er im Sterben lag, machte ich mich Tage später auf den Weg. Er war in einem Gefängnis, das Stunden entfernt war. Ich bekam wegen der besonderen Umstände eine Ausnahmegenehmigung für einen außerordentlichen Besuch. Es war schrecklich, ich hatte ihn Jahre nicht gesehen und musste mir ansehen wie er vor sich hinvegetierte. Mir war bewusst, dass er es diesmal nicht überleben würde und dass es der letzte Besuch war. Auch die örtlichen Gegebenheiten schockierten mich und waren alles andere als menschenwürdig. An seinem Sterbebett entschuldigte er sich bei mir, weil er all die Jahre nicht da war. Ich verzieh ihm. Er konnte friedlich, mit hoffentlich gutem Gewissen einschlafen. RIP, Papa.

Etliche Eifersuchtsszenen, eine Ohrfeige und zigtausende (Streit-)Gespräche später fanden mein Ex-Freund und ich schlussendlich wieder zusammen. Denn was zusammengehört, kommt auch zusammen oder vielleicht heißt der Spruch auch: Wer nicht lernen will, muss solange fühlen, bis er endlich lernt.

Ich war wirklich erleichtert, als wir uns entschieden, es endlich wieder richtig zu versuchen. Eigentlich setzte ich ihm ein Ultimatum. Immer wenn ich mich nicht mehr raus sah in meinem Leben, dann kam die Brechstange zum Einsatz. So war es auch da. Ich machte ihm unweigerlich klar, dass JETZT eine Entscheidung zu treffen war und es entweder einen Neustart geben oder er mich gänzlich verlieren würde. Die letzten Monate waren hart und ich war schon am Rande der Verzweiflung. Glücklicherweise entschied er sich für einen Neustart. Ich war erleichtert, ich wollte mein Leben nicht ohne ihn leben. Ich war davon überzeugt, dass er noch immer der Mann meines Lebens war und dass wir all unsere Unstimmigkeiten begraben könnten.

Er zog sofort wieder bei mir ein. Das war das Logischste, immerhin hatten wir ja schon ein Jahr lang einen gemeinsamen Haushalt geführt. Das Kind freute sich, ich mich noch mehr und er – ja, er – war wahrscheinlich froh, nicht mehr die eigene Mutter permanent sehen und hören zu müssen. Seine Mutter ist definitiv anstrengend – auch wenn ich sie mag – ein Zusammenleben mit ihr hätte ich mir nur schwer vorstellen können. In dieser Hinsicht verstand ich ihn.

Die letzten Wochen waren auch gesundheitlich nicht spurlos an mir vorbei gegangen. Heute ist das für mich alles klar. Ich weiß, oder bin heute davon überzeugt, dass all unsere Krankheiten den Ursprung in unserer Seele haben. Unser Körper ist ganz einfach der Spiegel unserer Seele.

Ich bildete mir ein, dass meine Gesichtslähmung wieder retour kam. Ich bildete es mir nicht nur ein, es gab Anzeichen, bei weitem nicht so extrem wie in der Schwangerschaft, aber dennoch sichtbar. Irgendetwas stimmte mit meinem linken Auge nicht. Somit war ich stationär auf der Neurologie gelandet und alle Untersuchungen wurden durchgeführt. Man fand aber auch diesmal nichts. Sie versuchten es mit Stromschlägen, einem CTG und mit einem MR. Da all diese Untersuchungen zu nichts führten, nahmen die Ärzte mir am Entlassungstag wieder Flüssigkeit aus dem Rückenmark. Mein Freund holte mich vom Krankenhaus ab. Diese Heimfahrt von ca. 20 Minuten sollte mich eine Woche lang ans Bett fesseln. Anscheinend hatten mich die Ärzte zu früh entlassen und die kurze Fahrt nach Hause reichte aus, um bei mir derartige Kopfschmerzen zu verursachen, dass ich nie wieder mit mir so etwas machen lasse. Und schon gar nicht kurz vor der Entlassung. Ich war eine Woche nicht in der Lage aufzustehen und aufs Klo ging ich auf allen Vieren. Das ist kein Scherz oder nur so daher geschrieben. Ich trank Cola aus Kübeln und Koffeintabletten aß ich wie Weintrauben. Es war ein Horror. Auch um mein Kind konnte ich mich nicht eine Sekunde kümmern. Ich war auf Hilfe angewiesen und wirklich froh, als sich mein Körper wieder regenerierte.

Bald darauf war Weihnachten und dies verbrachten wir auch friedlich gemeinsam. Wir hatten einen guten Kompromiss bezüglich der Fortgehthematik gefunden, mit dem wir beide einverstanden waren. Alle zwei Wochen.

Das eine Thema war vom Tisch, da kam aber schon das nächste um die Ecke. SEX. Sex war plötzlich ein Thema. Es gab nämlich schlicht und einfach keinen oder sehr wenig, zu wenig. Abgesehen von den Tagen, an denen er wieder mal besoffen nach Hause kam. Dann war ihm alles recht, aber ansonsten wurde ich links liegen gelassen. Ich fühlte mich nicht geliebt, nicht attraktiv und es war schon wieder der Wurm drin.

Auch das Thema Spielsucht wurde wieder aufgegriffen. Er selbst behauptete immer noch felsenfest, kein Spieler zu sein. In dieser Phase kam er auch finanziell gut über die Runden. Er borgte sich nie Geld von mir und hatte auch am Ende des Monats noch Geld übrig. Somit hoffte ich, er hätte es zumindest unter Kontrolle. Sehr harmonisch war unsere Beziehung nicht. Was aber gut war: Wir stritten immer auf Augenhöhe. Wir blieben uns nichts schuldig und wir vertrugen uns schnell wieder. Außer nach Weihnachten. Das Fest der Liebe. Für ihn offenbar zu viel Liebe. Wir bekamen uns über die Feiertage in die Haare und stritten bis Silvester, wegen Silvester. Der Herr hatte sich nämlich eingebildet, alleine auf eine Silvesterparty gehen zu können. Das kam für mich aber überhaupt nicht in Frage. Weihnachten und Silvester feiert man mit seinem Partner. Punkt, aus, Ende. Meine Reaktion war sehr aufbrausend und ich vermittelte ihm, dass er klarerweise alleine gehen könnte, aber dann auch gleich alleine durch sein weiteres Leben. Das war definitiv ein Trennungsgrund für mich. Er wollte es einfach nicht einsehen. Anfangs dachte er bestimmt, ich würde es nicht ernst meinen. Erst als ich dann aber am 30.12. bereits seine Sachen gepackt hatte, lenkte er ein. Wenn er gewusst hätte, dass dieser Abend alles verändern und ihm Ärger bringen würde, wären wir wahrscheinlich gar nicht hingegangen und er hätte auf die Party verzichtet.

Das ENDE vom BEGINN

Es war somit Silvester und ich hatte mich durchgesetzt! Zuerst gingen wir auf die 60er Feier meiner Tante und dann weiter auf die Party seines Freundes. Den Freund mochte ich, somit war das auch für mich ok. Mir war ja auch egal, was wir machten, ich wollte es nur gemeinsam tun.

Er drängte mich die ganze Zeit, „endlich" die Geburtstagsfeier meiner Tante zu verlassen, und so waren wir auch schon zeitnah auf dem Weg zur Party. Kurz machten wir noch einen Halt bei seinen Eltern. Dort schliefen wir dann auch. Das Elternhaus war näher von der Party entfernt.

Auf der Feier angekommen, war es anfangs sehr ruhig. Es war auch noch früh. Ich begrüßte die wenigen Leute, die ich kannte, und wurde beim Rest erstmal vorgestellt. 80% der Leute kannten mich ja nicht mal, nach zwei Jahren „Beziehung", wohlgemerkt. Hätte mir vielleicht zu denken geben sollen. Bald entdeckte ich einen Freund, dem ich dann auch vorgestellt wurde bzw. bei dem ich mich vorstellte. Er wirkte sympathisch. Ich suchte seine Nähe. Der Grund war ein kleiner unkontrollierbarer Hund, den er an seiner Seite hatte. Der Hund war noch so jung, hatte keine Manieren und wickelte Herrchen um den Finger. Ich kam mit ihm ins Gespräch. Immerhin war ich ja auch mal Hundebesitzerin gewesen. Meinen musste ich, als ich wieder anfing zu arbeiten, abgeben und dieser Umstand tat mir noch immer leid. Der Typ war nett, lustig und ich mochte ihn sofort. Endlich einmal ein normaler Freund! HURRAAA, er hatte ihn doch noch, dachte ich mir, einen „normalen" Freund, den ich auf Anhieb auch mochte. Dass er beinahe eine Schlägerei mit einem anderen Typen auf der Party anzettelte, bei der ich dazwischen ging, um die Sache zu deeskalieren, schreckte mich auch nicht ab oder änderte etwas an meinem ersten Eindruck. Als er irgendwann das Weite suchte, war ich fast ein wenig traurig, es gab nämlich ansonsten kaum Personen auf der Party, mit denen ich mich unterhalten konnte. Die restliche Feier verlief gemischt, ich stritt mit einem der besten Freunde meines Freundes. Ich mochte ihn nicht, seine Argumentation war so was von daneben und er bestärkte meinen Freund in der Meinung, dass nur ich ein Kind hätte und somit auch nur ich ein Familienleben leben musste und er ein freier Mann war, der jedes Wochenende Party machen konnte. Er war eifersüchtig, dass er ihn jetzt mit mir teilen musste. Mein Freund war nicht mehr der freie Vogel und jederzeit verfügbar. Das Ganze war sehr unangenehm, denn es mischten sich mehrere Personen ein, die sich auf die jeweiligen Seiten schlugen, und mein Freund stand schlicht und einfach in der Mitte. Freundin versus 20 Jahre langer Freundschaft. Schwierig, schwierig.

Aber es kam gleich zum nächsten Schlagabtausch, denn eine andere Frau erklärte mir, dass sie jahrelang ein Verhältnis mit meinem Freund hatte, und irgendwie wollte sie mir wohl sagen, dass sie noch immer verliebt war in ihn. Er selbst hatte schon vergessen, dass ich auch dabei war. Betrunken sang er auf der Bühne, da fiel ihm aber plötzlich ein, dass ich ja auch da war, denn er fixierte mich regelrecht mit seinen Blicken und sang in diesem Moment nur für mich. Spätestens da war dann auch die

Welt wieder in Ordnung. Ein paar Songs später holte ich ihn von der Bühne und wir fuhren nach Hause.

Am nächsten Morgen wachten wir bei den Schwiegereltern im Kinderzimmer auf, umgeben von hellblauer Farbe, Möbeln aus der Nachkriegszeit und einer Audi-Flagge. Die Augen noch nicht mal richtig offen, fiel mir der Hundebesitzer-Freund von gestern ein. Ich war so angetan, dass ich meine Single-Freundin anrief und ihr voller Enthusiasmus erzählte, dass ich DEN Mann für sie gefunden hätte – und er ganz bestimmt mein Mann wäre, wenn ich nicht schon vergeben wäre. Mein Freund saß etwas verkatert am Bett, lauschte meinen Worten und fragte mich danach, ob es mir eigentlich noch gut gehen würde. Mir war gar nicht bewusst, was ich gesagt und wie ich geschwärmt hatte, aber ich kam gar nicht mehr aus der Schwärmerei heraus. Ich empfand es auch überhaupt nicht schlimm, ich habe es damals definitiv so gefühlt und für mich kam er ja nicht in Frage. Das war überhaupt nicht Thema, ich hatte doch die Liebe meines Lebens neben mir. Ich bildete mir nur ein, dass ich eine super Verkupplerin wäre, und so entstand ein neuerlich genialer Plan, meinerseits. Nämlich meiner damaligen Freundin den perfekten Mann zu präsentieren und zu vermitteln.

Aus diesem Grund kam er immer öfter zu uns, ich musste ihn ja auch besser kennenlernen. Lustigerweise war er auch der einzige Freund bis dahin, der jemals zu uns kommen durfte. Mein Partner hat dies nämlich bei all den anderen Freunden immer zu verhindern gewusst. Geschickt eingefädelt meinerseits, waren zufälligerweise beide bei einem lustigen Spieleabend bei uns eingeladen und sie lernten sich kennen. Sie war sofort fasziniert. Ich hatte ihr nicht zu viel versprochen. Anfänglich klopfte ich mir noch stolz auf die Schulter, bald aber merkte ich, dass ich einen großen Klopfer haben musste. Er kam regelmäßig zu Besuch. Es war so, dass ich viel Zeit mit ihm verbrachte, immer mit dem Hintergedanken, ihn an meine Freundin zu vermitteln. Blöderweise tat er mir gut. Er war oft abends bei mir, während mein Freund wieder mal seinen nächtlichen Sauftouren volle Aufmerksamkeit schenkte. Oft klagte ich ihm mein Beziehungsleid und erhoffte mir, als enge Bezugsperson meines Freundes, Antworten bezüglich dessen mir unerklärlichen Verhaltens zu bekommen. Wir führten viele tiefsinnige Gespräche und diese öffneten mir langsam die Augen. Plötzlich warfen seine Argumentationen ein anderes Bild auf meinen Freund. Dadurch, dass er ein Freund von ihm war – schnell auch ein Freund von mir wurde – war das überhaupt nicht eigenartig, dass er so oft bei mir war. Manchmal brachte er sogar einen Freund mit und wir hatten gemeinsam mit meinen Freundinnen wirklich lustige Abende. Hin und wieder ging er auch mit meinem Freund aus und ich spielte währenddessen Hundesitter. Es gab Nächte, wo er mit meinem Freund unterwegs war und mich auf dem Laufenden hielt. Ich schrieb nicht mit meinem eigenen Freund, sondern mit ihm. Im Nachhinein wirklich etwas strange. Aber nächtliche SMS von meinem Freund an Wochenenden, an denen er unterwegs war, waren sowieso eine Rarität geworden.

Dadurch, dass der Hundebesitzer außerhalb von Klagenfurt wohnte, schlief er auch immer bei uns, wenn er unterwegs war. Durch den intensiven Kontakt erfuhr ich auch interessante Details. Zum Beispiel, dass mein eigener Freund von gemeinsamen Nächten Schulden bei ihm hatte. Ich wollte diese sofort begleichen, denn Schulden waren ein rotes Tuch für mich. Dies ließen beide aber nicht zu. Er sagte mir öfters, dass ich das alles nicht verdient hätte und jeder Mann dankbar sein müsste, so eine großartige Frau zu haben. Der ursprüngliche Gedanke, meine Freundin zu verkuppeln, trat etwas in den Hintergrund, denn mittlerweile war er mein bester Freund geworden, der mir Tipps für meine Beziehung gab und mein Selbstbewusstsein stärkte. Er machte mir Fitnesspläne und kümmerte sich um mein Autoproblem. Ich wollte ein neues, billigeres Auto, welch Zufall, er war Autoverkäufer.

Ich fragte ihn auch bei jedem Streit mit meinem Freund nach seiner objektiven Meinung. Vor allem Sex war noch immer ein häufiges Streitthema in meiner Beziehung. Ich wollte einen männlichen Rat. Wieso wollte mein Freund keinen Sex? Ich dachte mir, eigentlich gibt es nur zwei Möglichkeiten. Er hatte eine andere Frau oder er war schwul? Vielleicht war er ein armer Kerl, der seine Sexualität nicht ausleben konnte? Dass er immer vehement gegen Schwule war, James Blunt verehrte und diese Musik pausenlos hören konnte, führten nicht gerade dazu, diese Vermutung fallen zu lassen. Wirklich ernsthaft glaubte ich nicht an diese Theorien, aber meine Verzweiflung an manchen Tagen ließ mich kreativ werden. Der männliche Rat blieb auch aus. Er konnte mir diesbezüglich nicht weiterhelfen. Er bestärkte mich eher, diese Beziehung zu beenden.

Langsam, aber sicher kam auch der ursprüngliche Plan, meine Freundin an den Autoverkäufer anzubringen, wieder ins Rollen. Er traf sich mit ihr. Als es zu mehreren

Treffen kam, passte mir das aber irgendwie gar nicht mehr. Ich konnte es selbst kaum glauben, aber ich war eifersüchtig! Einmal waren meine Freundin und ich gemeinsam bei anderen Freundinnen eingeladen, und als ich mitbekam, dass er mit ihr schrieb, bemerkte ich, dass ich das nicht wollte. WAS zur Hölle war passiert? Ich hatte anscheinend Gefühle entwickelt. Umgekehrt war das wohl auch der Fall, denn meine Freundin hatte er schnell auf das „Abstellgleis“ gestellt. Der Kontakt verlor sich ein wenig. Einen Kuss gab es angeblich auch nie zwischen den beiden. Sie war darüber betrübt, ich erleichtert.

Definitiv klar wurde ich mir über meine Gefühle aber erst, als an einem anderen gemeinsamen Abend bei mir zuhause eine andere Freundin ihn gerne „besser“ kennengelernt hätte. Dies wusste ich zu verhindern. Ein kurzer Schrei und der Rauswurf meiner Freundin aus meiner Wohnung regelten die Situation. Offiziell wollte ich nicht, dass irgendjemand in meiner Wohnung, abgesehen von mir, Sex hatte. Der wahre Grund war wohl ein anderer. Da stand ich nun vor ihm. Meine Gefühle null unter Kontrolle, verwirrt und verzweifelt. Ich sagte nichts, er nahm mich nur in den Arm. Ich verstand mich selbst nicht mehr, ich hatte ja einen Freund. Ich hatte nicht den Mut, die Wahrheit zu gestehen, hätte diese mich auch schwer in die Bredouille gebracht.

Er wusste aber definitiv, was passiert war. Ich bin wie ein offenes Buch und kann nicht viel verheimlichen. Tja, die Gespräche, die Nachrichten wurden immer intensiver, sie taten mir gut und gleichzeitig versuchte ich, Abstand zu gewinnen, denn es war falsch und verwerflich. So wollte ich nie sein. Doch Abstand würde nicht funktionieren, wenn er mit einer meiner Freundinnen plötzlich etwas hätte. OK, so weit, so gut, ich weihte schlussendlich die rausgeworfene Freundin ein. Was blieb mir übrig? Ich brauchte einen Austausch, eine Freundin, der ich mein Herz ausschütten konnte. Das Hauptproblem – ER – war aber noch da.

Es funktionierte nicht gänzlich, ohne ihn zu sein. Mehrmals täglich nahm ich mir vor, den Kontakt zu minimieren, spätestens am Abend war dieser Vorsatz allerdings gescheitert. Ich schrieb mehr oder weniger heimlich und eigentlich doch auch offiziell Nachrichten mit ihm. Täglich, viel zu viele. Ich vermisste ihn und suchte zeitgleich immer wieder das Gespräch mit meinem Freund, um es vielleicht einfach zu akzeptieren, dass wir erneut gescheitert waren. Ich hatte ein wahnsinnig schlechtes Gewissen, dabei war noch überhaupt nichts vorgefallen. Mein Freund wollte übrigens von meinen Zweifeln nichts wissen. Sein bequemes Nest wollte er nicht verlassen, lief doch alles SUPER. Ich machte in dieser Phase kaum Stress wegen nächtlicher Saufaktionen, in denen er andere Frauen abcheckte. Ich war nicht mehr allein, das war ihm ganz recht.

Dann kam der Tag, an dem wir alle gemeinsam fort waren. Meiner Freundin, die sich blöderweise schon verliebt hatte, versuchte ich an diesem Tag schonend beizubringen, dass ihre Schwärmerei sinnlos wäre: „Er will nicht, er will dich nicht. NEIN, er will eigentlich mich.“

Ich hatte schon immer eine wahnsinnige Gabe, einfühlsam zu sein. Ein Elefant im Porzellanladen ist gefühlvoller. Gefasst nahm sie es hin, ging aber heim. Hurraaaa, großartig gemacht, sie tat mir leid, aber sie merkte, dass etwas nicht stimmte und vermutete es auch schon. Es war auch kaum zu übersehen. Mein eigener Freund war auch dabei, bekam aber von dem Theater nichts mit. Allerdings nützte er die Gelegenheit und war plötzlich wie vom Erdboden verschwunden. Wo war er denn? Zum Glück hatte ich den Hundebesitzer neben mir, der mir nur eine SMS zeigte: „Du weißt, wo ich bin." Hmm, er wollte mir nicht sagen, wo das sein sollte, aber mir war klar, Gutes bedeutet das bestimmt nicht. Fassungslos und wütend war ich. Stehen gelassen vom eigenen Freund, alleingelassen mit dem Mann, der eine Gefahr war, wollte ich nur nach Hause. Da nur noch wir zwei übergeblieben waren, setzten wir uns in ein Taxi.

Er schlief wie schon vorab ausgemacht bei uns. Traumhaft. Ich war traurig und fuhr mit dem Mann nach Hause, für den ich Gefühle hatte, die ich krampfhaft versuchte zu unterdrücken, da sie schlicht und einfach falsch waren. Zuhause angekommen, blödelten wir und landeten gemeinsam im Hochbett meines Kindes. Da waren wir und philosophierten. Wieder redete er auf mich ein, dass ich mich nicht so behandeln lassen sollte. Angetrunkene, deprimierte, verlassene Frauen sind gefährlich. Es kam zu unserem allerersten Kuss, der sich gut und gleichzeitig schlecht anfühlte. Am liebsten hätte ich damals nie wieder aufgehört, allerdings setzte mein Verstand schlagartig wieder ein. Ich sprang wie von einer Tarantel gestochen auf und schrie: „Scheiße, es tut mir leid." Ich fühlte mich schuldig, schlecht und einfach nur schlampig. So bin ich nicht, so war ich nicht und so etwas passiert mir doch nicht.

Schnell war geklärt, dass niemand davon erfahren dürfe. Ich ging ins Schlafzimmer und konnte nicht schlafen, ich war durcheinander. Mehrmals kam mir der Gedanke, ins Kinderzimmer zu gehen, um mit ihm zu reden. Gott sei Dank kam mein Freund Minuten später nach Hause und ersparte mir eine weitere Konfrontation. Ein paar Minuten früher und das ganze wäre wohl eskaliert.

Der nächste Tag war angespannt, alles war nur noch komisch und ich konnte keinen klaren Gedanken fassen. Ich wusste aber, dass nur noch ein Kontaktabbruch helfen kann. An dies versuchte ich mich in der nächsten Woche zu halten. Da rief er plötzlich an und meinte, wir sollten reden. Freitagabend. Na klar, war eh zuhause, alleine. Ich dachte, wir würden über den Kuss reden, der niemals passieren hätte dürfen. Lange spannte er mich nicht auf die Folter, denn er erzählte mir unfassbare Dinge. Am Schluss war er verstummt, ging und übriggebliebenen war ein einziger Trauerklos. Mein Freund soll Nutten vögeln und eine alte Schulkollegin von mir und noch eine und noch eine andere Frau. Na bitte, jetzt wissen wir auch, warum er zuhause keinen Sex wollte und ich ihm die meiste Freude machte, wenn ich ihm zum Geburtstag SEX-Jokers schenkte. Zur Erklärung: Sex-Jokers waren von mir selbst gestaltete Gutscheine, die mein Freund jederzeit einlösen konnte, wenn ich wieder mal Sex wollte und er nicht. Oft kam es nämlich deshalb zum Streit. Wenn man als Frau immer wieder vertröstet wird ist das nicht gerade hilfreich für den eigenen Selbstwert und das brachte oft Ärger und endlose Diskussionen. Mit dem Einlösen eines Jokers blieben uns aber genau diese erspart. Ich konnte es nicht glauben und war am Boden zerstört. Der kann mich doch nicht so belügen? Ich konnte ihm nach einem Kuss schon nicht mehr in die Augen sehen und er? Er soll Huren ficken und im Whirlpool mit denen Sekt schlürfen? Na, Gratuliere! Ich wollte es nicht wahrhaben, doch es gab auch ein Foto.

Zuerst versprach ich dem Hundebesitzer leichtsinnig, nichts zu sagen, dann versprach ich, ihn zumindest rauszuhalten. Klappte allerdings nur bedingt. In der Früh nach Hause gekommen, ging mein werter Freund erstmal schlafen. Ich ließ ihn auch schlafen, aus der Vergangenheit wusste ich, in diesem Zustand bringt jegliche Konfrontation Nüsse. Ich saß wie auf Nadeln und nach ein paar Stunden war es endlich so weit, er öffnete kurz die Augen und da stand ich, er noch immer im Vollrausch. Ich begrüßte ihn mit folgenden Worten: „Na du Hurenficker – schon wach?" Ok, vielleicht war das nicht die klügste Anrede nach einer durchzechten Nacht. Es ging Schlag auf Schlag, ich schrie, schimpfte, weinte und was habe ich damit erreicht? Richtig, genau das Gegenteil, was ich wollte. Er knickte nicht ein. NEIN, er wurde sauer, beschimpfte mich, boxte mich in den Bauch und unterstellte mir, ich wäre nun komplett geisteskrank geworden. Außerdem verließ er die Wohnung und hinterließ ein Häufchen Elend. Merke: Jemand, der wirklich nichts zu verbergen hat, schreit niemals und verliert nicht seine Beherrschung.

Ich, wutentbrannt, packte seine Sachen und brachte sie zur Schwiegermutter. Die war völlig von den Socken und verstand die Welt nicht mehr. Ich weinte und meinte nur, dass ihr werter Sohn Huren ficken würde, sie war schockiert und rief ihn natürlich sofort an. Das entspannte die Situation nicht gerade. Mein Freund war bereits auf einer Faschingsparty und feierte dort ausgelassen. Und ich? Ja ich fuhr nach Klagenfurt-Umgebung und besuchte den Mann, der mir Stunden davor reinen Wein eingeschenkt hatte. Er fing mich auf. Ich weinte, ich war am Boden zerstört, neuerlich so hintergangen worden zu sein, und schüttete ihm mein Herz aus. Meine Gefühle für ihn waren da nicht Thema. Ich musste einfach nur reden und wollte alle Details wissen. Wie konnte das wieder passieren? Über Wochen, Monate hatte ich nicht den geringsten Verdacht. Schon wieder! Schon wieder! Dabei hatte ich mich doch neuerlich so sehr bemüht. Meine Freundin kam auch nach und wir veranstalteten einen Spieleabend. Mir war alles recht, Hauptsache Ablenkung. Irgendwann hatte ich genug und wollte nach Hause. Die Tatsache, dass ich zu diesem Zeitpunkt bereits von meinem Freund mit Anrufen und Nachrichten bombardiert wurde, machte die Situation auch nicht besser. Ich wollte einfach nur schlafen und die letzten Stunden verdauen. Irgendwie hatte ich ein komisches Gefühl, als wir vor meinem Haus ankamen. Ich bat meine Freundin, mit hoch zu kommen. Wir waren noch nicht im vierten Stock angekommen, da sah ich schon die Misere. Mein mittlerweile Ex-Freund lag mitten im Stiegenhaus und schlief. WIE PEINLICH, dachte ich nur, ich näherte mich und sah nur rot bei seinen Haaren. Ich geriet kurz in Panik, denn zuerst dachte ich, er hätte sich am Kopf verletzt. Aber es war nur Haarspray. Ich hievte ihn gemeinsam mit meiner Freundin in die Wohnung. Polizei wollte ich keine. Und das Gerede im Haus wollte ich auch nicht. Was blieb mir also übrig. Das Gestammel, er liebe nur mich, habe ich ignoriert.

Er schlief seinen Rausch aus. Nachdem er wieder einigermaßen klar im Kopf war, habe ich ihn gebeten zu gehen. Aber er wollte reden. Denn ohne mich ist ja alles doof. Ja, natürlich, und vor allem ziemlich unbequem. Immerhin habe ich gekocht, gezahlt, geputzt und mein Gemecker war noch angenehmer als das der Mutter.

Er versicherte mir, dass es absolut nicht stimmen würde. Er gab zwar zu, in diversen Etablissements gewesen zu sein, daher auch das Foto, aber es sei nichts gelaufen. Er flehte mich an: „Bitte glaube mir, der steht einfach auf dich und will deshalb unsere Beziehung zerstören."

Ich musste über das Gespräch nachdenken und ich schickte ihn weg. Aber er ließ die nächsten Tage nicht locker, er meldete sich permanent. Das erste Mal überhaupt in unserer Beziehung kämpfte er um mich. Er stand wieder vor meiner Tür, wieder und wieder. Er beteuerte seine Unschuld, seine Liebe, und irgendwann wusste ich nicht mehr, was ich glauben sollte. Ich benötigte dringend Abstand und bat um Bedenkzeit. Gleichzeitig meldete sich der gemeinsame Freund, der nun nur noch mein Freund war, jeden Tag bei mir. Er erkundigte sich nach mir, er baute mich auf. Er war mein Anker in dieser Zeit. Es war nur logisch, dass unser gemeinsames Lied diesen Titel trug. Es zog mich zu ihm. Ich verbrachte Zeit mit ihm, wir gingen mit dem Hund spazieren, wir brunchten und ich erzählte ihm meine ganze Lebensgeschichte. Viele gemeinsame Stunden vergingen und er brachte mich zum Lachen. Die Zeit mit ihm lenkte mich ab und ich fühlte mich noch verbundener. In diesen Stunden heulte ich nicht in mein Kissen. Ich war ihm dankbar, er hatte mir ja die Augen geöffnet und die Wahrheit gesagt. Daher überlegte ich nicht eine Sekunde, ob es vielleicht falsch war, mich gerade von diesem Mann trösten zu lassen. Es war das Richtige, denn er war doch der Gute? Geküsst hatten wir uns nicht mehr. Ich war für körperliche Nähe überhaupt nicht bereit, das stellte ich auch immer wieder klar. Er schickte mir aufbauende Nachrichten und eine Mail, die mich umhaute. Auszug aus einer Mail, die ich gefühlte 1000 mal gelesen habe und mich immer wieder zum Weinen brachte:

„Zu mir: Ich bin normalerweise ein „relativ“ berechnender Mensch – soll heißen, ich überlege mir im Vorfeld wie ich Dinge, die mein Gegenüber hören möchte mit meiner Meinung vereinbaren kann und diese dann entsprechend ausdrücke. Ich bin auch der Meinung, dass das „fallen lassen“ in einer Beziehung Schwächen auftut, die das Interesse des Partners mindern, bzw. dieser diesen Vertrauensbeweis nicht schätzen kann, fehlinterpretiert und dadurch den Reiz teilweise verliert.

Es ist in der heutigen Zeit- auch ohne Kind – eben schwer jemanden zu finden, der einen versteht, für jemanden da ist und auch mal die Rolle einer starken Schulter übernimmt- ohne diesen Umstand dann mit „Größenwahn“ auszunützen.

Nun zu dir: Ich schätze dich deshalb so sehr- und bin deshalb in dieser Form so gerne für dich da, weil du einer der wundervollsten Menschen bist, die ich bis dato kennenlernen durfte. Und zu dieser Tatsache sei gesagt - ich kenne jede Menge Leute…

Ich habe nicht mal den geringsten Zweifel, dass ich niemanden kennlernen werde, der mir so dermaßen imponiert, sein Leben so fantastisch im Griff hat, aufopfernd und charakterstark ist wie du es in meinen Augen bist. Der aus der Ehe geht und solche Größe beweist, der für sein Kind so da ist, der sich zu jedem erdenklichen Anlass mit riesiger Freude und mit Hirn vorberei-

tet, der derart schlagfertig ist, der handwerkliches leistet, was manche Männer nicht mal mit Unterstützung schaffen würden, der einen Vollzeitjob, ein Kind Nebentätigkeiten und den Haushalt derart meistert – ohne nur annähernd den Eindruck zu erwecken jemals damit überfordert zu sein, der mich beim Taxifahrer auslöst (eine Hand meinen Hund, eine Hand das Kind und das auch noch mit einem süßen Lächeln auf den Lippen) der meinen Hund Gassi führen will und sagt: Komm her Süßer, lassen wir Papa noch etwas schlafen und bei dessen Gesellschaft alleine ich mich schon sehr wohl fühle ....

Ich kann nicht nachvollziehen was du gerade durchmachst – ich kann dir nur versuchen dabei zu helfen.

Nach dieser Mail fuhr ich zu ihm und umarmte ihn. So etwas hatte ich noch nie bekommen. An diesem Tag küssten wir uns. Der Kuss fühlte sich gut an, aber eigentlich auch wieder nicht. Ich war in einem absoluten Ausnahmezustand. Ich wusste, ich war nicht bereit. Ich bat ihn ebenfalls um Zeit. Die er mir aber nur bedingt gab. Seine Nachrichten und Mails waren voller Verständnis, gleichzeitig schickte er mir aber Blumen und setzte mich unbewusst unter Druck.

Auch mein Ex-Freund hörte nicht auf, sich zu melden. Eines Abends stand er vor meiner Tür. Wir redeten und ich wollte endlich Antworten. Diese bekam ich. Denn er blieb noch immer bei der Theorie, dass das alles ein berechnender Plan war, um unsere Beziehung zu zerstören. An diesem Abend fuhr mein Anker „zufällig“ bei mir zuhause vorbei und sah das Firmenauto meines Ex-Freundes. Er rief mich an und ich hob ab. Ich wollte das

Telefonat beenden und vereinbarte mich später zu melden. Er fragte mich nur: „Ist er bei dir?“

Ich konnte noch nicht mal antworten, das legte es bei ihm einen Schalter um und ich erkannte den liebevollen Menschen der letzten Wochen nicht wieder. Er beschimpfte mich, weit unter der Gürtellinie. Ich war alles, nur kein Mensch mehr. Das war damals der größte Fehler, den er machen konnte. Ich verstand seine Reaktion nicht ganz. Es musste doch klar sein, dass es noch ein Gespräch mit meinem Ex-Freund geben würde. Leider wurde er mit dieser Aktion unglaubwürdig und ich begann zu zweifeln. Vielleicht hatte er wirklich übertrieben, um mich für sich zu haben? Vielleicht hatte er doch die ganze Geschichte ausgeschmückt? Ich wurde an diesem Abend blockiert und mir wurde nahegelegt, ihn nicht mehr zu kontaktieren. Das war aber noch nicht die Freifahrtkarte, wieder meiner Beziehung eine Chance zu geben, ich war viel zu durcheinander. Ich musste alle Ereignisse sacken lassen. Diese abrupte neuerliche Trennung war eine wirkliche Herausforderung. Ich musste stark sein, denn da gab es ja auch noch ein Kind, das ebenfalls traurig war und getröstet werden musste. Auch weil mein Ex-Mann wieder einmal seit Monaten untergetaucht war und kein Kontakt bestand.

DIE NACHT DER NÄCHTE

Am nächsten Wochenende musste ich raus. Ich ging mit meiner Freundin ins Café nebenan und das Schicksal führte Regie. Der Autoverkäufer, mit Hang zu Übertreibung, war ebenfalls dort. Zuerst sprachen wir nicht miteinander, ich ignorierte ihn so gut es ging. Er war allerdings schon sehr angetrunken und mit zunehmendem Alkoholspiegel wollte er die Sache ausdiskutieren. Er entschuldigte sich bei mir. Er beteuerte, dass er die Wahrheit gesagt hatte. Ich wollte ein paar Stunden nicht daran denken und jetzt war ich wieder damit konfrontiert. Ich fand sein Verhalten unentschuldbar und bat ihn, es für heute zu lassen. Wir wechselten nach meinem Drängen hin das Lokal. Es dauerte aber nicht lange, da tauchte er ebenfalls dort auf. Eine Stadt ist manchmal wirklich ein Dorf. Meine Freundin bekam dann mit, dass er mit meinem Ex schrieb und sie sich prügeln wollten. Mich nervte es nur noch. Ich ließ mich nicht beirren und feierte einfach weiter. Plötzlich tauchte der beste Freund meines Ex-Freundes inklusive Anhang auf. Ja genau, der Typ, mit dem ich zu Silvester noch einen Schlagabtausch hatte. Die beiden belagerten mich, laberten mich voll, wer mich nicht alles lieben würde und dass mein Anker nur lügen würde, solche Shows schon öfter abzog und ich unbedingt mit nach draußen müsse, denn es würde gleich eskalieren zwischen beiden. Ich ging mit. Den Showdown hatte ich verpasst, bei dem die Glastür des Lokales daran glauben musste. Aber es wurde vor dem Lokal geschrien, mein Ex-Freund stand auf der einen Seite, mit einigen Mädels, der Autoverkäufer auf der anderen Seite. Alle beschimpften ihn, eine trat ihn sogar.

Ich stand in der Mitte. Nach einem Wortgefecht, in dem mir auch die Mädels versicherten, dass mein Ex-Freund nicht lügen würde, löste sich die erbärmliche Situation endlich auf. Alle stiegen in Taxis. Ich blieb zurück. Ich weinte, es war einfach zu viel.

Ich fuhr nach Hause und weinte weiter. Ich war am Boden zerstört. Was war passiert? Wer log? Wer betrog? Wer sagte jetzt die Wahrheit? Meine Familie war zerbrochen und mein Anker anscheinend auch ein Lügner? Alles TROTTEL. Ich wollte nur Frieden und endlich die Wahrheit wissen. Außerdem wollte ich schlafen. Ich lag im Vorraum auf dem Boden und weinte bitterlichst, neben mir zwei Schlaftabletten. Ich verstand die Welt nicht mehr. Da läutete es an der Tür. Mein Ex-Freund. Er kam in die Wohnung, sah mich an, sah die Tabletten und dachte, ich wollte mich umbringen. Ich wollte zwar wirklich in diesem Moment sterben, aber mich nicht umbringen. Außerdem, mit zwei Schlaftabletten wäre das wohl eine Glanzleistung gewesen. Wir redeten, er vermittelte mir, glaubhaft, dass seine Version stimmen würde. Er appellierte an meine Vernunft und meinte, dass wir doch zusammengehören würden. Wir hatten doch schon viele Tiefs überstanden, bla bla bla. Beweisen konnte ich ihm nicht, dass er lügen würde. Es dauerte somit nicht lange und ich ließ mich wieder darauf ein. Wir waren wieder ein Paar und der Anker war genauso schnell aus meinem Leben verschwunden, wie er gekommen war.

DER NEUSTART

Die nächste Zeit verlief beziehungstechnisch gut. Es war mitunter bestimmt die beste Zeit in unserer ganzen Beziehung. Mein Freund bemühte sich, wie zu Anfangszeiten. Er machte mir Geschenke, er war zuvorkommend und wir planten tatsächlich unsere ersten Urlaube. Wir besuchten gemeinsam mit meinem Sohn das Legoland in Deutschland und nur wir beide verbrachten ein Wochenende in Prag. Das tat gut, nach der ganzen Aufregung, und ich hatte sogar das Gefühl, es hätten ihm beide Kurztrips Spaß gemacht. Zumindest musste ich ihn nicht überreden und er wirkte auch nicht genervt. Als Draufgabe willigte er sogar ein, die Wohnung zu wechseln. Ich wollte das schon lange, da die bisherige nur zwei Zimmer hatte und ich endlich ein eigenes Schlafzimmer wollte. Außerdem hatte diese Wohnung keinen Spielplatz. Wir begannen uns umzusehen.

Das Thema Fortgehen war auch überhaupt kein Problem mehr, er ging kaum mehr weg. Er war verändert, offenbar hatte er endlich gecheckt, was auf dem Spiel stand. Unter der Woche ging er mit Freunden auf ein Getränk, aber das war ja auch alles ok. Mein Vertrauen war zwar nach den ganzen Vorwürfen mehr als nur angekratzt, aber ich beschloss, es hinter mir zu lassen und keine Gedanken mehr daran zu verschwenden. Die Wahrheit würde ich sowieso nie erfahren. Dieses Vorhaben funktionierte manchmal besser, manchmal schlechter.

Ich war damit beschäftigt, endlich eine passende Wohnung zu finden. Doch die Wohnungssuche entwickelte sich schwierig. Da wir auf die Schnelle nichts Passendes fanden, war die Idee aufgekommen, uns Eigentum anzuschaffen.

Es wurde in Betracht gezogen, eventuell das Elternhaus meines Freundes umzubauen bzw. Grund zu kaufen. Bevor dies aber konkreter wurde, fanden wir zufällig eine schöne Wohnung in der Nähe. Ohne groß zu überlegen, entschieden wir uns dafür und es wurde auch schon gesiedelt. Da er, welch Wunder, kein Erspartes hatte, leistete ich alles vor und richtete die Wohnung neu ein. Ausgemacht war damals, wir würden uns alle Kosten teilen und er würde mir die Hälfte so schnell wie möglich retour zahlen. Na, was glaubt ihr? Richtig, die Hälfte bekomme ich heute noch.

Wir fühlten uns sehr wohl in der neuen Umgebung und es passte zu unserem Neustart. Immerhin war es die erste gemeinsame Wohnung. Wir klapperten Möbelhäuser ab und machten uns zusammen Gedanken über unser neues Zuhause. Wir waren uns überall einig und es gab keine Diskussionen, wie gesagt, wir waren uns ja in vielen Dingen ähnlich. Genug Platz hatten wir nun auch, und wir hatten einen kleinen Garten, wo wir den Tag oft auf der Terrasse verbrachten. Einen großer Spielplatz gab es auch, das bedeutete eine enorme Entlastung für mich, mein Sohn musste nicht mehr täglich auf einen Spielplatz gehen, er konnte einfach alleine vor die Tür. Das Kind war glücklich und hatte in der Siedlung schnell neue Freunde gefunden.

Ab diesem Zeitpunkt zahlte mein Freund auch die Hälfte der anfallenden Kosten. Zwar mit Widerwillen, denn das Kind hatte das größere Zimmer bekommen, aber er tat es erstmalig. Ungerecht fand er es trotzdem und warf es mir bei jedem Streit an den Kopf.

Dieser Sommer war abgesehen von der Siedelei außerdem noch geprägt vom Gesundheitszustand des Schwiegervaters. Leider ging es ihm gar nicht gut und er hatte einen Schlaganfall erlitten. Der Vater war lange im Krankenhaus und ich merkte, wie meinem Freund das naheging. Der sonst relativ emotionslose „Gefühlskrüppel“, hatte Angst seinen Papa zu verlieren. Nach einem Krankenhausbesuch, bei dem ich ihn begleitete, kullerten ihm bei der Heimfahrt die Tränen herunter. Das war das einzige Mal, dass ich ihn NÜCHTERN weinen sah. Mir tat der Vater leid und er tat mir auch leid. Das einzige, was ich tun konnte, war beten und für ihn da sein. Wochenlang war der Vater außer Gefecht, aber glücklicherweise erholte er sich gut, zwar langsam, aber er erholte sich.

Schon bald gab es neuerlichen Missmut. Er empfand es als unfair, dass ich meinem Kind so viel Aufmerksamkeit schenkte, manchmal ein Auge zudrückte und meinem Sohn auch noch Liebe schenkte, wenn er sich danebenbenahm. Denn Liebe schenkt man NUR wenn man sich korrekt benimmt. Alles klar! Warum er der Meinung war, überhaupt von mir Liebe zu bekommen, bleibt mir nach dieser Aussage ein großes Rätsel. Er benahm sich nämlich schon länger wieder nicht mehr korrekt. Er war eifersüchtig auf das Kind. Er warf mir vor, dass das Kind mehr Rechte hätte. Seine Erziehungsmethoden und Strafen waren auch mehr als fragwürdig. Außerdem ging er wieder öfter weg und beschimpfte mich betrunken. Zum Beispiel als „fette Sau“. Mit meiner Figur war er nie zufrieden. Immer wieder machte er mir das deutlich. Einmal sagte er mir sogar, wenn ich zehn Kilo abnehmen würde, würde er mich heiraten. Gute Voraussetzung für eine Ehe. Damals war ich oft gekränkt, heute kann ich verstehen, warum er immer wieder darauf pochte. Er konnte mir sonst nicht viel anhaben. Ich hatte eine bessere Ausbildung als er, ich hatte noch immer einen super Job, bei dem ich fast genauso viel wie er verdiente, ich hatte Hobbys und ich hatte ausreichend Freunde. Mein Leben war schön. Alles, was ich mir vornahm, setzte ich um und auch mein Sohn war zu einem kleinen, herzlichen Mini-Me mit gutem Benehmen herangewachsen. Das einzige was nicht perfekt war, waren meine Gewichtsschwankungen, abgesehen von meiner Beziehung. Ich im Gegenzug war aber auch nicht immer gerade die Zimperlichste. Bei etlichen Wortgefechten warf ich ihm auch ziemliche gemeine Dinge an den Kopf. „Versoffener Spieler" fiel da schon mal.

Ich dachte in dieser Zeit auch immer wieder an unseren damaligen Freund. Zuerst versuchte ich auch zu vermitteln. Es waren Monate vergangen und ich war der Meinung, dass vielleicht eine Aussprache nach den Vorfällen angebracht wäre. Ich hasse ungeklärte Dinge. Ich möchte immer mit allem im Reinen sein und drängte daher öfter mal nach einer solchen Aussprache, stieß aber auf Granit. Nicht um die Burg wollte er sich versöhnen, irgendwann gab ich es auf. Bei Streitereien wurde die Vergangenheit aber immer wieder zum Thema. Denn laut seiner Meinung, hätte mein alleiniges Verhalten, fast unsere Beziehung zerstört. Ich vertraute schließlich einem anderen Mann mehr als ihm. Wie konnte ich nur? Nach solchen teils heftigen Streitereien zweifelte ich an meiner Entscheidung. Vielleicht hatte ich mich doch für den falschen Mann entschieden? Wenn er mich wieder sehr verletzte, sprach ich meine Zweifel auch offen aus. Das war natürlich die reinste Provokation und sicher auch nicht fair. Aber er erwiderte immer nur, ich solle gehen, ich würde keine drei Tage bei diesem Mann überleben. Denn er hätte alle Frauen verprügelt und mich aufbrausende „Henne“ sowieso. Ich hatte nie ernsthaft vor, ihn für diesen Mann zu verlassen, aber er fehlte mir. Er verstand mich doch und kannte unsere Beziehung am besten. Außerdem pushte er mein Selbstvertrauen. Das taten meine Freundinnen auch, auch sie waren immer für mich da, aber von einem Mann konnte ich es besser annehmen. Nach solchen eigentlich sinnlosen Diskussionen wurde das Thema wieder für ein paar Wochen totgeschwiegen.

Im Herbst fuhren wir gemeinsam nach Hamburg. Mein Geburtstagsgeschenk wurde eingelöst und ich freute mich sehr. Dieses Wochenende war allerdings etwas anders als gedacht. Es stand unter keinem guten Omen. Eine 14-stündige Autofahrt mit einer frisch aufgegabelten Blasenentzündung kann durchaus eine Tortur werden. Zumindest kenne ich jede Raststation, die auf der Strecke lag. Mein Körper rebellierte schon damals.

Kurz vor Hamburg beschlossen wir, das Wochenende im Heidepark zu beginnen. Gesagt, getan. Wir fuhren mit allen Fahrgeschäften und ich benützte ausnahmslos alle WCs. Anstehen mussten wir zum Glück weder dort noch da. Es war schon Herbst und das Wetter nicht berauschend. Am Abend flanierten wir auf der Reeperbahn. Ich wollte ein paar Lokale abklappern, er schwelgte lieber in der Vorstellung, gemeinsam mit Freunden hier zu sein, das wäre besser. Seine Laune sank, er hatte plötzlich das Gefühl, zuhause etwas zu verpassen. Zuerst wollte er nicht mal in eine Bar gehen, ein kurzer Auszucker meinerseits bewegte ihn dann doch, auf zwei Getränke einen Absacker zu machen. Schnell verging mir aber auch die Lust, denn er sprach immer nur von einer super Zeit mit seinen Freunden.

Die nächsten Tage sahen wir uns die Stadt an, manchmal mit weniger, manchmal mit mehr Begeisterung seinerseits. Ich verstand nicht, warum er unsere begrenzte, gemeinsame Zeit so boykottieren musste. Ich war froh, als wir wieder zuhause waren.

Zurück aus dem Urlaub lief es weiterhin schleppend. Fortgehen, meine angebliche Nörgeleien, und wenn das alles kein Grund war einen Streit anzuzetteln, dann war es das Kind.

Weihnachten kippte die Situation erneut. Zuerst wurde der E-Herd kaputt und er wollte sich nicht an einer Neuanschaffung beteiligen. Ich hatte nämlich schon seit längere Zeit ein neues Hobby gefunden und backte Torten. Eine in der Woche. Dies war Grund genug für ihn, dass nur ich die Kosten übernehmen müsse. Seine Argumentation war mehr als abenteuerlich, er würde nämlich keinen Herd benötigen. Irgendwann gab ich es auf und mir wurde diese Diskussion zu bunt. Ich kaufte ihn alleine. Familienfeiern liebte er auch wie die Pest, glücklicherweise war Weihnachten. Er warf mir vor, dass ich meine Eltern am Weihnachtstag einlud. Diese Vorwürfe wegen Besuch ignorierte ich schon lange. Außerdem war es Weihnachten und ich ließ mich von seiner schlechten Stimmung nicht runterziehen. Sein Geschenk machte seine Laune erträglicher. Ein Gutschein für eine Reise nach New York. Ich wollte schon immer dorthin. Bei näherer, realistischer Betrachtung war das Geschenk aber gar nicht mehr so toll: Er wusste nicht, was er mir schenken sollte und war wieder mal zu spät dran. Außerdem hatte er keine Lust oder auch nicht die Möglichkeit, sofort Geld auszugeben. Die Befürchtung, er würde diesen Gutschein nie einlösen, hatte ich schon damals und ich sollte recht behalten. Den Gutschein habe ich heute noch.

Am nächsten Tag eskalierte der Streit erneut, weil er über die Weihnachtstage Party machen wollte. Ich war enttäuscht und wollte am gemeinsamen Essen mit seinen Eltern nicht teilnehmen. Schlussendlich saß ich aber am Mittagstisch, machte wie so oft gute Miene zum bösen Spiel und ließ mir nichts anmerken. Wenn ich eines gelernt hatte, war es, Probleme wegzulachen und nach außen die glückliche Frau zu mimen.

Da die Schwiegereltern schon in einem höheren Alter waren und der Gesundheitszustand des Vaters noch immer bescheiden war, kam sein Bruder auf die glorreiche Idee, gemeinsam mit den Eltern und der Schwester ein Haus zu bauen. Vier Wohneinheiten. Ich war skeptisch, denn 1. Mein Schwager war ein „Übersohrhauer", selbst mein Freund traute seinem eigenen Bruder nicht, und er war immer schon auf seinen eigenen Vorteil bedacht.

2. Die Mutter war einfach wirklich anstrengend und ich befürchtete, dass ich dies auf die Dauer nicht aushalten konnte. Nicht nur, dass sie eine Hardcore-Mülltrennerin war und zum Beispiel die Wurstfolie auf der Wäscheleine trocknete, wollte sie alles immer sofort. Nicht falsch verstehen, ich mochte sie wirklich, aber je weiter sie weg war, desto lieber hatte ich sie. Sie rief oft ihren Sohn an, und wenn der nicht abhob, rief sie mich an, und wenn ich auch nicht abhob, dann probierte sie es von vorne, im Minutentakt, bis endlich einer von uns ran ging.

Außerdem wollte sie immer alles wissen. Einmal fuhr sie abends zufällig bei unserer Wohnung vorbei. Als sie das Firmenauto ihres Sohnes nicht sah, klingelte mein Telefon. Sie wollte wissen, wo er war. Warum er nicht zuhause war? Was er machte? Ich hatte wirklich ernsthafte Bedenken. Wie würde das aussehen, wenn wir gemeinsam in einem Haus wohnen würden und sie dadurch jeden unserer Schritte wusste?

Und der dritte und entscheidende Grund war: Es gab weiterhin ein Spielproblem. Das hatte sich noch nicht aufgelöst, er hatte nämlich bedauerlicherweise noch immer keinen Hauptgewinn gelandet. Ich hatte Angst um meine Existenz. Ich wusste, ich konnte mir die Kreditrate allein nicht leisten, wenn er wieder sein Geld verspielen würde, was dann? Es kam nicht selten vor, dass ich ihm Geld borgte. Ich tat es, da ich somit zumindest etwas den Überblick hatte, und mir war es lieber, er borgte sich das Geld von mir aus als von einer anderen Person. Kurz vor diesem Gespräch mit den Geschwistern hatte ich entdeckt, dass mein Freund einen Kredit hatte. In der Höhe von sage und schreibe 50.000 Euro. Mir erzählte er immer etwas von 10.000 Euro. Er hatte mich also angelogen. Noch schlimmer war, er hatte es nicht für ein Auto, ein Haus, oder sonst eine nützliche Anschaffung aufgenommen, er brauchte das Geld, um Novomatic zu unterstützen. Er stritt es ab, bis ich ihm die Belege auf den Tisch knallte. Vor lauter Wut weinte ich und er beendete das Gespräch mit den Worten, es sei seine Sache. Erfahren hatte ich erst von dem Kredit, weil er diesen oft nicht fristgerecht zahlte und somit die Mahnungen nach Hause flatterten.

Das alles waren Gründe, ein Veto zur Verwirklichung eines gemeinsamen Hausprojektes einzulegen. Noch dazu kam bei dem Plan des Bruders unsere Wohnung am Schlechtesten davon. Denn ich wollte nie eine Wohnung mit Dachterrasse, sondern eine Gartenwohnung. Aber das war für uns nicht vorgesehen. Warum sollte ich mich verschulden, ein hohes Risiko mit dem Mann an meiner Seite eingehen, wenn ich dann nicht mal die Wohnung bekommen würde, die ich gerne hätte? Abgesehen davon, dass ich es nicht gerade als Vorteil sah, mit der ganzen Familie meines Partners unter einem Dach zu wohnen. Ich wollte das nicht einmal mit meiner eigenen Familie. Danach war ich für den Bruder unten durch, denn ich verbaute ihm diese Chance. Wenigstens hielt mein Freund da zur Abwechslung zu mir und verteidigte mich. Und ganz ehrlich, es war die einzig richtige Entscheidung. Heute übrigens sind sie alle zerstritten, der Bruder hat den Kontakt zu den eigenen Eltern und zur Schwester abgebrochen, aber Hauptsache, ich war damals die Dumme. Die Querulantin.

Das neue Jahr begann ähnlich, wie das alte endete. Am Faschingsamstag gab es die nächste große Eskalation. Valentinstag war 2015 nämlich am selben Tag. Das Kind war schon Wochen vorher verplant und ich schmiedete Pläne, wie wir diesen Tag verbringen könnten. Alle Vorschläge wurden weggelacht und nicht ernst genommen. Kurz vor Faschingssamstag erklärte er mir nur, dass er auf den Faschingsumzug im Nachbarsort gehen würde. Selbstverständlich ohne mich, ganz egal, ob Valentinstag, ganz egal, ob das Kind versorgt war oder nicht. Es gab Geschrei, Beschimpfungen und ich versicherte ihm, dass, wenn er jetzt gehen würde, die Tür für heute geschlossen wäre. Natürlich ist er gegangen. Ich war so enttäuscht und konnte kaum fassen, dass er mich wirklich allein zurückließ. Ich war am Boden zerstört und versperrte wie angekündigt die Haustüre. An diesem Abend hatte ich viel Zeit, um nachzudenken. Ab diesem Zeitpunkt wusste ich eigentlich, dass das nicht das war, was ich wollte. Er nicht der Mensch war, den ich mir wünschte. Ich fühlte mich nicht geliebt, ich fühlte mich wertlos. Ich vertraute ihm nicht. Er belog mich wegen finanzieller Angelegenheiten. Er bekam oft nach dem Fortgehen Nachrichten von anderen Frauen und hatte extreme Stimmungsschwankungen. Diese waren bestimmt auch von einem möglichen Gewinn oder Verlust beim Automatenspielen abhängig.

Diese Erkenntnis machte müde und ich schlief ein. Irgendwann nachts kam er zurück, stand aber vor der versperrten Tür. Später rief er mich an, ich wachte auf und hob ab. Lallend meinte er: „Ich lieg am Straßenrand, mein Akku ist gleich leer und ich erfriere wegen dir.“

Was macht eine Frau, die wütend ist, sich aber trotzdem Sorgen macht. Richtig, sie suchte die ganze Gegend ab. Nach einer gefühlten Ewigkeit erreichte ich ihn endlich und begriff, dass dieser Arsch schon längst bei seinen Eltern untergekommen war und in seinem warmen Bett lag. Er stellte sich als der arme Junge hin, denn die Durchgeknallte sperrte ihn aus, grundlos.

Am Ende des Tages haben wir uns aber wie so oft wieder vertragen und es plätscherte weiterhin dahin. Ich wusste längst, was zu tun gewesen wäre, aber ich hatte noch nicht die Kraft, einen Schlussstrich zu ziehen. Ich wollte nicht schon wieder eine Familie verlieren. Meinem Sohn einen neuerlichen Trennungsschmerz ersparen und wenn wir gerade nicht stritten war es ja gut. Wir hatten in guten Momenten noch immer denselben Spaß.

Eines Tages fuhr ich zu meiner Freundin am Stadtrand. Als ich auf dem Weg war, rief er mich an und meinte, er würde heute länger arbeiten müssen und wäre noch auf der Autobahn. Leider lag auf meinem Weg ein Lokal, welches bekannt für viele Automaten war. Eine Automatenhochburg sozusagen. Ich, nichts ahnend, ihn gerade am Telefon, sah sein Auto vor besagtem Lokal. Blöd gelaufen, aber ich sagte nichts. Zwei Stunden später, zuhause am Esstisch, erklärte ich ihm ruhig, aber verständlich, dass er mich nicht mehr anlügen solle. So ruhig war ich noch nie. Das beunruhigte ihn auch. Er entschuldigte sich. Innerlich war ich aber alles andere als ruhig, ich war verzweifelt. Ich wusste nicht mehr weiter. So beschloss ich mir Hilfe zu holen, professionelle Hilfe. Ich ging zu einer Suchtberatungsstelle. In erster Linie wollte ich wissen, wie ich ihm helfen könnte, wie ich ihn endlich zu Vernunft bringen könnte. Ich glaubte, dass all unsere Probleme den Ursprung in diesem Problem hatten.

Im Nachhinein hätte ich mir die Sache sparen können, man teilte mir mit, was ich schon ahnte. Wenn er es selbst nicht einsehen würde, habe ich keine Möglichkeit. Entweder akzeptieren oder, noch besser, gehen. Er sah nichts ein. Jede Diskussion diesbezüglich zog er ins Lächerliche und stellte mich als verrückte Freundin dar, mit extremem Hang zur Übertreibung.

Zu meinem Geburtstag gab es erneut Streit. Mein Kind war bereits in dem Alter, wo er mir nicht nur ein Geschenk basteln, sondern mir auch eines kaufen wollte. So bat ich meinen Freund, mit ihm eine Kleinigkeit zu besorgen. Musste ja nichts Großes sein. Nach etlichen Diskussionen und einem Eklat mit den Nachbarn, wo selbst diese meinten, er sei nicht ganz dicht, und ihm ins Gewissen redeten, erbarmte er sich und ging mit dem Kleinen einkaufen. Allerdings verlangte er von mir das Geld dafür. Ernsthaft. Kann ich natürlich nachvollziehen. Ich habe Ende des Monats Geburtstag, da kann man dann nicht einfach erwarten, dass er noch sieben Euro für seine Freundin übrig hatte. Das T-Shirt, welches mir mein Sohn gekauft hat, habe ich somit bezahlt. Den Sprit zum Geschäft natürlich auch, er fuhr ja mit meinem Auto. Zum Glück hatte ich unter der Woche Geburtstag, sonst wäre ich wahrscheinlich auch noch allein daheim gewesen. Ich war neuerlich so gekränkt, so verletzt, dass ich ein paar Wochen später mit ihm sprach und einen Schlussstrich zog. Es war zu viel vorgefallen. Bei einer Gegenüberstellung der positiven und negativen Dinge fiel mir auf, dass das Papier auf der Minusseite nicht ausreichte.

Ich wollte und konnte nicht mehr. Ich liebte diesen Menschen, aber seine Einstellungen zu Familie, Frauen und sein ständiges boykottieren unserer Beziehung ertrug ich nicht mehr. Ich war sicher auch nicht immer die leichteste Freundin und da spreche ich jetzt nicht nur von meinem Gewicht. Ich bin ein sturer, Kopf-durch-die-Wand-Mensch, der schwer Ruhe findet, der ungeduldig, temperamentvoll ist, öfter übers Ziel hinausschießt und der bestimmt nicht fehlerfrei ist, aber so etwas hatte ich nicht verdient.

Meine Entscheidung löste wenig Regung aus. Ich setzte für den Auszug einen Termin Ende Juni an. Der gewünschte Effekt, auf den Boden zu fallen, bitterlich weinend auf die Knie zu gehen und auch die erhoffte Einsicht, eine wundervolle Frau zu verlieren, blieb aus. Im Gegenteil. Er akzeptierte, schweigend. In den letzten gemeinsamen Wochen in unserer Wohnung waren wir nett zueinander.

Ich schlief im Wohnzimmer auf der Couch, aber ansonsten war es so harmonisch wie lange nicht. Die Wochen vergingen schnell und das Umzugswochenende war gekommen.

Das kümmerte ihn aber nicht, er saß seelenruhig auf der Couch und sah fern. Als ich fragte, wann er endlich zu packen beginnen wolle, rührte er sich nicht. Ich glaube, er hoffte noch immer auf einen Rückzieher von mir. Ein Schreikonzert meinerseits brachte lediglich den Entschluss, für ihn zu packen. Ich räumte also seine 15 Paar Socken, 10 Paar Unterhosen, 4 Hosen und 10 T-Shirts in eine Kiste. Ein paar Unterlagen noch und zwei Kartons waren gepackt, seine ganzen Sachen. Nicht zu vergessen der Fernseher, das war ja seiner! Diesen packte er dann gütigerweise selbst ein. Ohne jegliche Emotion bewegte er sich zur Tür und verließ die Wohnung mit einem Tschüss. Ich war fertig, ich weinte, ich weinte und weinte. Als er noch einmal kurz zurückkam und mich sah, muss ich ziemlich bemitleidenswert ausgesehen haben, denn schließlich war er noch so nett und schloss meinen neu gekauften Fernseher an. Dann war er weg.

Einerseits war es damals eine Erleichterung, andererseits hinterließ er eine unfassbare Leere. Mein Kopf wusste längst, dass er nicht der Mann war, der mich glücklich machte, zumindest nicht so, trotzdem hatte ich das Gefühl, nur ER könne mich vervollständigen, nur er war es. Ich nahm damals in kürzester Zeit zehn Kilo ab. Ich konnte nicht essen und ihn nicht vergessen. Ich wollte nach vorne sehen. Allerdings war ich innerlich ein Wrack. Da ich mit der Situation nicht klar kam, hatten wir bald wieder Kontakt. Ohne ihn ging es einfach nicht. Wir schrieben uns und auch er gab er mir das Gefühl, dass es ihm nicht gut ginge.

Aber schon bald war ein neuer Streit geboren, denn er fuhr wieder auf ein Saufgelage. Ich dachte nur, so traurig kann er wohl nicht sein. Er kam kurz vor der Abreise zu mir nach Hause. Ich weiß gar nicht mehr genau warum, aber frisch rasiert, frisch vom Friseur, neue Kleidung, neues Parfüm und, und, und. Na bitte, als Single muss man auf sich achten, die nicht-Zähne-Putztage gehörten der Vergangenheit an. Die Tatsache, dass er mir eine Nachricht von diesem Urlaub schrieb – mit schätzungsweise 100 Promille in der Birne – während er wahrscheinlich neben einer anderen Frau lag, tröstete mich auch nicht. Es sei alles so doof und er will doch nur zu mir!

Vom Urlaub heimgekommen, war er das dann auch. Ich war wirklich dumm. Saudumm. Selbst eine Simkarte ist klüger, nach drei Fehlversuchen ist sie gesperrt. Ich hatte die Hoffnung einfach noch immer, er würde wirklich endlich begreifen, was er dabei war zu verlieren, nämlich seine Familie und eine wunderbare Frau, die ihn über alles liebte. Als ich in den eigentlich gemeinsamen geplanten Urlaub fuhr, hatten wir täglich Kontakt. Kurzzeitig wünschte ich mir sogar, dass er nachkommen würde.

Zurück von meinem Urlaub, braun gebrannt und sichtlich erschlankt, musste ich meine Winterreifen bei den Schwiegereltern holen. Das Kind lief gleich in das Zimmer meines Ex-Freundes und weckte ihn. Er begrüßte ihn herzlich. Ich versicherte mich, ob er wohl nett zu dem Kleinen war. Als er mich sah, war er plötzlich wie versteinert. Ich wusste sofort, ich gefalle ihm und wusste, er würde sich melden. Genauso war es auch. Er kam vorbei und wir waren wieder täglich im Kontakt, diesmal ohne Streitereien. Sogar fast eine ganze Woche schlief er bei uns und ich dachte an ein neuerliches Comeback. ALTE LIEBE ROSTET NICHT oder war es doch: Aufgewärmt ist nur ein Gulasch gut? Ich hatte das Gefühl, er könnte ebenfalls nicht ohne mich und würde sich versuchen zu bessern, denn am Ende zog es ihn immer wieder zu mir.

So stand er einmal Ende August nach dem Fortgehen betrunken vor der Tür. Das machte er öfter, denn er wollte das Kind oder mich sehen. Er schwafelte, wie immer, von Liebe. Man muss erwähnen, ansonsten war er meist genauso emotional wie eine Bahnschranke. Soll heißen, über Gefühle konnte er noch nie sprechen. Außer im Suff, da ging es. Aber er konnte alles mit Alkohol besser, Sex, Frauen ansprechen, Darts spielen usw. Er erzählte mir mal, dass er sich eigentlich nicht schön finden würde, aber nach zwei oder drei Spritzer würde er sich sogar richtig gut finden. Na bravo, er säuft sich selbst schön! Schon da hätte ich mir ernsthafte Gedanken machen sollen. Ich fand es aber lustig und hatte es nicht ernst genommen. Dass er Selbstzweifel hatte und sich permanent Bestätigung suchte, war mir nicht bewusst. Jedenfalls lag er betrunken auf meiner Couch. Zuerst spielte er mit dem Kleinen. Er umarmte ihn, wurde sentimental und weinte beinahe. Dann tollte er mit ihm und wurde plötzlich grob. Unkontrolliert und viel zu fest schlug er dem Kind auf den Bauch. Dieses fing bitterlich zu weinen an. Ich schrie ihn an und packte das Kind. Ich ging ins Zimmer und tröstete es. Ich erklärte ihm, dass Papa das nicht absichtlich gemacht hätte. Als er sich beruhigte, wollte ich unseren Besuch vor die Tür setzen, der schlief aber tief und fest auf meiner Couch.

Ich versuchte ihn zu wecken, noch dazu hatte er ein Familienessen bei seinen Eltern zu Mittag. Aber keine Chance, er war nicht sonderlich motiviert und meinte, er bleibt. Mir blieb nichts anderes übrig, als seine Mutter anzurufen, die sowieso schon Telefonterror auf seinem Handy betrieb. Sie holte ihn ab. Ich erklärte ihr, was passiert war, und sie versuchte ihn zur Vernunft zu bringen. Allerdings rastete er aus, er beschimpfte sie, mich und alle Frauen auf diesem Planeten, es blieb niemand verschont. Zumindest verließ er dann endlich die Wohnung. Danach habe ich ihm eine Nachricht geschrieben. Die ewig lang war. Anscheinend hatte sie ihn berührt und er hatte so etwas wie ein schlechtes Gewissen. Oft hatte er seine Fehler nicht eingesehen, dafür meine immer ganz genau aufgezeigt. Diesmal wollte er sich entschuldigen. Mister Fehlerlos wollte sich entschuldigen. Selten hatte er sich ernsthaft entschuldigt. Somit gab ich ihm die Chance. Er kam. Zuerst ging er zu dem Kind und ich kann mich noch erinnern, dass er zum Kleinen gesagt hat: „Es tut mir wirklich leid, Papa wollte dir nicht so fest auf den Bauch schlagen. Ich geh mit dir in den Zirkus als Wiedergutmachung."

Der Zirkus war offenbar danach nie mehr in der Stadt. Das war das letzte Mal, dass ihn mein Sohn gesehen hat. Eine Entschuldigung erhielt ich auch, er meinte, die Situation überfordere ihn, er sei seit der Trennung neben der Spur. Da fühlte ich mich sehr verbunden, ich war es nämlich auch. Es war bereits September und nach einem weiterem Streit, in dem ich ihm versicherte, dass ich kein Hotel wäre, meldete er sich nicht mehr so oft und der Kontakt brach ab. Ich war zu stolz, den Kontakt zu suchen. Da er sich auch nicht rührte, vermutete ich schon, dass er eine andere Frau am Start hatte. Erstmals fühlte sich die Trennung wie eine echte Trennung an. Ich war fertig. Ich weinte mich in den Schlaf, ich dachte pausenlos an ihn und war traurig. Mein Kind war zwar auch traurig, aber er nahm es mit Fassung. Im Gegensatz zu mir.

Glücklicherweise hatte ich aber ansonsten viel zu tun. Die Arbeit, schon immer die Konstante in meinem Leben, lenkte mich ab, und wenn es mich zu wenig ausfüllte, suchte ich mir Aufgaben. Ich backte dutzende Torten und auch mit dem Kind hatte ich genug um die Ohren. Er war ja schon ein Schulkind und wir hatten neben schulischen Verpflichtungen, auch noch Freizeittechnische. Fußball war das neue Hobby meines Kindes. Zu dieser Zeit verbrachte ich viele Stunden am Rand eines Spielfeldes.

Ein ganz anderes Thema benötigte ebenfalls meine Aufmerksamkeit. Ich musste seit dem Auszug für die Kosten der Wohnung allein aufkommen. Die Wohnung war nicht gerade billig, daher musste ich besser kalkulieren. Da kam es mir natürlich gar nicht gelegen, dass mein Ex-Mann weder Alimente noch die vereinbarten Raten seiner Schulden laut Scheidungsurteil beglich. Der Kontakt war zu dieser Zeit seit vielen Monaten auf Eis gelegt. Ich stellte ihm ein Ultimatum. Die Alimente wurden seit der Scheidung nie erhöht und diese war mittlerweile über fünf Jahre her. Ich forderte ihn auf, die Schulden zu tilgen, ansonsten würde ich die Alimente erhöhen. Er reagierte nicht. So kam es zu einer Anpassung der Unterhaltszahlungen und durch seine unregelmäßigen Zahlungen in der Vergangenheit auch zu einem Unterhaltsvorschuss. Das war gut, allerdings sollte man nie schlafende Hunde wecken. Er zeigte plötzlich Interesse an unserem Kind. Da ich dies für keine gute Idee hielt, kam es zu einem monatelangen Gerichtsstreit. Ich musste im Amt antanzen und mich rechtfertigen, er log dort wie gedruckt. Er stellte mich als die eifersüchtige Ex-Frau hin, die unzuverlässig wäre. Mir platzte wirklich der Kragen. Ich hatte mich zuvor jahrelang um ein gutes Verhältnis bemüht, es interessierte ihn leider nur nicht. Als ich in der Pause eine rauchen ging, kam er nach. Dort führten wir ein vier-Augen-Gespräch, in dem er tatsächlich behauptete, dass ich die Schulden aus dem Scheidungsurteil für mich aufnahm und ich lügen würde. Ich konnte nicht fassen, was er gerade gesagt hatte. Es war kein anderer Mensch anwesend, ich verstand nicht, warum er log. Ich schüttelte den Kopf und meinte nur: „Dir ist wirklich nicht mehr zu helfen."

Trotz eines seitenlangen Briefes mit Aufzählung der Fakten inklusive Auflistung etlicher Zeugen, den der Richter nicht mal las, sprach ihm dieser das Besuchsrecht zu. Für mich unverständlich, aber das war auch der letzte Satz des Richters, der an mich gerichtet war: „Seien Sie froh, dass der Vater sich kümmern möchte, andere Kinder werden geschlagen oder missbraucht und das ist hier doch nicht der Fall und solange Ihr Ex-Mann die Drogen nicht vor dem Kind nimmt, ist alles gut."

Mein Anwalt war sprachlos, ich war sprachlos.

Ich musste das Urteil akzeptieren und mein Kind war an den Wochenenden bei seinem Vater, aber nicht lange und es war schon bald wie immer. Beim vierten Mal brachte er das Kind nicht pünktlich nach Hause, das fünfte Mal sagte er eine halbe Stunde davor ab und beim sechsten Mal kam er Stunden zu spät. Ein siebentes

Treffen gab es nicht, er meldete sich einfach nicht mehr. Scheinbar hatte er neuerlich eine Lebenskrise. Dass er zuvor dem Kind den Himmel auf Erden versprach, Urlaube, Geschenke und Ausflüge, konnte ich dann ausbaden. Abgesehen davon, dass ich nie im Leben einem Urlaub zugestimmt hätte. Das wusste mein Ex-Mann, aber trotz allem sprach er immer wieder davon. Jahre zuvor nämlich, als der Kleine gerade mal vier Jahre alt war, fuhr mein Sohn gemeinsam mit meinem Ex-Mann in den Urlaub. Ich bat ihn, mir bei der Ankunft eine kurze Nachricht zu schicken. Ich hörte vier Tage gar nichts, kein Anruf, keine Reaktion auf meine Anrufe, keine Nachricht, NICHTS. Ich war krank vor Sorge. Irgendwann meldete er sich und meinte, er hatte vergessen mich zu kontaktieren. Seit diesem Urlaub war das Thema für mich gegessen.

Zeitgleich erfuhr ich, dass mein Ex-Freund offenbar nicht mehr bei seinen Eltern wohnte. Was soll ich sagen, Klagenfurt ist klein, ich kenne ein paar Leute, ein paar Leute kennen wieder andere Leute und ausnahmslos ALLE reden gerne. Viel Blödsinn, aber in diesem Fall war klar, dass er wohl Ersatz gefunden hatte. Ich war enttäuscht, so schnell? Ich konnte nicht mal an einen anderen Mann denken und er wohnte schon bei der Nächsten. Eine verbitterte SMS von mir später bekam ich rasch eine Antwort: Er wohne dort nicht und er vermisse mich sowieso immer und es sei ja eh alles doof ohne mich. Merkte man, ich fragte mich, was er vermisste, vielleicht meine Bemutterung? Ich habe keine Ahnung, der Sex kann es jedenfalls nicht gewesen sein. Er erzählte mir, dass er endlich eine Weiterbildung in der Firma in Angriff genommen hatte und dafür sehr viel lernen müsse. Ablenkung quasi. Neuerlich war ich wütend. Jetzt plötzlich machte er das. Ich hatte ihn 2,5 Jahre darin bestärkt, diesen Schritt zu gehen, aber das kam damals aus Faulheit nicht in Frage. Kaum bei mir ausgezogen, funktionierte es. Es kränkte mich. Belangloses folgte und ein paar du-fehlst-mir-SMS später verlor sich das wieder. Ich war in dieser Phase nicht bei Sinnen. Ich fühlte mich, als hätte man mir irgendetwas weggenommen. Gleichzeitig versuchte ich nach vorne zu blicken und musste stark sein für meinen Sohn. Ich trieb wie ein Schiff im Wasser ohne jegliches Ziel, ohne jeglichen Halt. Was für ein Zufall, dass sich gerade in dieser Phase eine Nachricht auf Facebook bekam: Mein Anker …

Ich war aus mir unbekanntem Grund von der schwarzen Liste gestrichen worden und etwaige Blockierungen wurden aufgehoben. Ich war überrascht, aber ich freute mich. Während meiner letzten Beziehung musste ich akzeptieren, dass es keine Aussprache gab und danach fehlte mir der Mut. Ab diesem Tag hörten wir uns regelmäßig in unregelmäßigen Abständen. Da er ebenfalls gerade eine Trennung hinter sich hatte, tauschten wir uns oft über unsere Liebsten aus. Außerdem war viel passiert in den letzten eineinhalb Jahren, zu reden hatten wir genug. Die Vertrautheit von damals war schnell da.

WEIHNACHTSFEIER

Die Weihnachtsfeier verspricht immer ein legendärer Abend zu werden. Auch dieser ging in die Geschichte ein. Wir sind zwar nur eine kleine Firma, aber die Skandale sind dennoch groß. Wir landeten betrunken in einer Disco. Vier kleine Versicherungsheinis wollten gerne feiern und es sollte niemand „reiern“. Der Chef schlief am Tisch schon ein, zum Glück brachte ihn das Taxi heim. Kurz davor war er außerdem schlafenderweise fast in eine Schlägerei verwickelt und somit hielten wir dies für die beste Entscheidung. Da waren es nur noch drei. Drei kleine Versicherungsheinis, die Aushilfe, meine Kollegin und ich, außerdem ein älterer Mann, der nicht mehr von der Aushilfe wich. Bei meiner Kollegin und mir kamen sofort Muttergefühle hoch. Wir wollten das arme betrunkene Mädchen vom sexistischen, viel zu alten Kerl retten. Ich, ebenfalls leicht angeheitert oder doch etwas mehr, stürmte zu dem unbekannten Mann und machte ihm eine Ansage. Er solle doch unsere Freundin in Ruhe lassen, immerhin könnte es seine Tochter sein. Ich bin jetzt zwar nicht gerade stolz drauf, aber es kamen aus meinem Mund Wörter wie „pädophil“. Nicht sehr löblich. Dass die beiden zu diesem Zeitpunkt quasi schon ein Paar waren, wussten wir nicht. Fettnäpfchen, ich komme

Fettnäpfchenkönigin war ich schon immer. Diesbezüglich habe ich eine Gabe und solche oder ähnliche Dinge passieren mir permanent: Einmal habe ich eine Kundin gefragt, wann sie ihr Kind bekommen würde? Als ihr Mann daneben wegbrach, war mir klar, dass sie gar nicht schwanger war. Das Highlight war aber, als mein damaliger Lehrling mich innerhalb von ein paar Minuten um ein paar Dinge bat. „Bring mir bitte den Ordner, kannst du mir diesen Stift bringen und kannst du mir das faxen?“ Irgendwann reichte es und ich fragte sie genervt: „Bin ich heut dein Neger?“ Blöderweise beachtete ich ihren Kunden nicht – es war ein schwarzafrikanischer Mann.

Peinlich berührt zu sein ist quasi mein Hobby. Bei den ersten gemeinsamen Treffen mit unserer Aushilfe und dem Freund danach war ich es auch, mittlerweile hat er mir das aber verziehen und wir kommen gut miteinander aus. Nächstes Jahr heiraten sie übrigens und ich bin eingeladen. Somit kann es nicht so schlimm gewesen sein.

Zurück zu dieser Feier. Meine andere Kollegin hatte schon lange genug absurderweise und trat an die Heimreise. Da waren nur noch zwei. Zwei Versicherungsheinis waren nicht gern allein und gingen viel zu spät heim. Doch bis dahin dauerte es noch. Die Aushilfe war sichtlich beschäftigt mit ihrer Bekanntschaft und mich sprach ein gutaussehender Mann an. Er blieb an meiner Seite. Das Gespräch war nett und der Wodka schmeckte auch, somit war alles im grünen Bereich. Er wollte unbedingt meine Telefonnummer. Ich hatte einen guten Tag und gab ihm die richtige. In der Zwischenzeit SMSte ich mit meinem Anker. Ich schlug ihm vor, nachzukommen. Wir feierten öfter zusammen und es war immer lustig mit ihm. Zum Glück verstand er es falsch und fuhr zu mir nach Hause, denn wie aus dem Nichts stand plötzlich mein Ex vor mir. Drei Monate hatten wir uns nicht gesehen. Ich hatte den Typen, mit dem ich die letzten 1,5 Stunden gequatscht hatte, gar nicht mehr gesehen. Ich hatte vollkommen vergessen, dass er noch neben mir stand. Er bemerkte das, verabschiedete sich und war auch schon weg. Ich war wie versteinert. Ich nahm mir vor, cool zu sein, aber ich war alles andere als cool. Ich starrte ihn an und hing an seinen Lippen. Er faselte irgendwas von Liebe, Sehnsucht und „unserem“ Sohn. Dinge, die ich eben hören wollte. Mit jedem weiteren Wort war ich ihm erneut verfallen. Ich fühlte mich wie eine Ratte aus dem Märchen der Rattenfänger aus Hameln. Endlich ein Wiedersehen und dann sagte er all das, was ich mir in den letzten Wochen immer gewünscht hatte. So lange hat er auf mich eingeredet, bis ich so berührt war, dass ich weinte. Ich verabschiedete mich und stieg ins Taxi. Traurig daheim angekommen, ging ich ins Bett. Noch nicht mal dort angekommen, klingelte es an der Tür. Er war zu unserer ehemaligen gemeinsamen Wohnung gekommen, in der ich mich seit Wochen einsam fühlte. Ich, aufgewühlt, ließ ihn natürlich rein. Was auch sonst? Wir verbrachten eine Nacht zusammen, wie früher. Wir redeten, lachten, küssten uns, hatten Sex, redeten, lachten, küssten uns und hatten Sex, bis wir irgendwann erschöpft vormittags einschliefen. Ich fühlte mich vollkommen. Ich war glücklich, wobei, da war noch ein kleines Detail, das zwischen meinem Glück stand. Seine Freundin, die laut seinen Ansagen gar nichts Ernstes war. Sie bombardierte ihn mit Nachrichten. Erst dadurch kamen wir überhaupt auf sie. Laut seiner Erzählungen war er glücklicher mit mir, aber mit ihr war alles so einfach. Sie glaubt ihm alles, und ich war immer die Schwierige, die alles hinterfragte. Alles klar. Spätestens als er mir gesagt hat, dass er sie auch nicht sonderlich hübsch finden würde, hätte ich ihn rauswerfen müssen. Aber das tat ich natürlich nicht, im Gegenteil, ich wollte, dass er bleibt, für immer jetzt, für ewig oder mehr. Ich war wirklich dumm. Saudumm.

Gegen Mittag verließ er meine Wohnung. Ich wollte meine Familie wieder. Sechs Monate waren nun schon seit dem Auszug vergangen. Ich hoffte auf ein Liebes-comeback. Kurz dürfte er ernsthaft darüber nachgedacht haben. Am Abend bekam ich eine SMS: „Jetzt ist alles wieder Essig ☹" und ob ich nächste Woche arbeiten müsse, er würde mich gerne sehen. Mein Herz schrie laut „JAAAAAA, bitte", mein Kopf noch lauter „NEINNNNNN, bitte nicht". Ich ein absoluter Herzensmensch, freute mich wahnsinnig, ich liebte ihn noch immer. Außerdem war in vier Tagen Weihnachten! Ich willigte ein, aber musste arbeiten. Es folgte ein SMS-Verkehr: Zuerst steckten wir etwas im Stau – er meldete sich 1,5 Tage nicht. Dann wurde dieser Stau langsam aufgelöst – der Herr fixierte den 23. Dezember an. Danach gab es einen kleinen Auffahrunfall – er gab zu, dass er sich mit der anderen Frau getroffen hatte, weil ich keine Zeit hatte und arbeitete. Es folgte der totale Crash. Das Gespräch entwickelte sich zu einem absoluten Desaster mit Beschimpfungen und Vorwürfen und am Ende einer ratlosen, verzweifelten Frau, die weinend in ihrer Wohnung lag und nicht verstand, warum das wieder alles nötig war. Der Kontakt brach ab. Er war tatsächlich bei der anderen Frau. Ich dachte, die letzte Nacht hätte ihm die Augen geöffnet. Leider nicht, aber dafür mir, oder doch nicht? Denn auch, wenn ich spätestens zu diesem Zeitpunkt wusste, wie sehr er mich immer wieder verletzte, verstand das mein Herz kein bisschen. Es schrie nach ihm. Verzweifelt, gedemütigt und weinend saß ich wieder mal in meiner Wohnung. Übrigens, ich habe mal gelesen, dass ein Mensch in seinem Leben etwa eine Badewanne vollheult. In meinem Fall kann ich mit Sicherheit bestätigen, bis zu diesem Zeitpunkt war es bereits ein Swimmingpool und bis zum Ende meines Lebens hätte ich wahrscheinlich sogar ein ganzes Schwimmbecken geschafft.

Weihnachten, das Fest der Liebe. Furchtbar in diesem Jahr. Den Abend verbrachte ich mit meinen Eltern, die aber wenig Sitzfleisch besitzen, daher schon zeitig heimgingen. Die Geschwister von meinem Sohn kamen auch vorbei und wir hatten einen Spieleabend. Als sie sich gegen 22 Uhr auf den Weg nach Hause machten, ich das Kind schlafen legte, war ich einsam. Zum Glück schrieb mir der Typ von der Weihnachtsfeier und kam vorbei. Ich war sehr froh, den Abend nicht allein ausklingen lassen zu müssen. Wir unterhielten uns nett, gegen Mitternacht fuhr er heim und wir vereinbarten neuerliche Treffen, die wir schon in den nächsten Tagen hatten. Mein Sohn lernte ihn als einen platonischen Freund kennen. Das handhabe ich schon immer so – der Kleine lernte prinzipiell viele Menschen kennen – Männer und Frauen. Auch weil ich einen großen Bekannten- und Freundeskreis habe und das kann ihm ja nicht schaden.

Zurück zu dieser Bekanntschaft, wo ich noch keine Ahnung hatte, wohin sich diese Verbindung entwickeln würde. Es war alles offen, aber der Weg, der für uns vorgesehen war, den hätte ich mir wohl nie träumen lassen. Bei unserem zweiten Treffen schauten wir Darts. Ich liebe Darts. Absoluter Pflichttermin im Dezember, denn da ist immer die Weltmeisterschaft. Wir saßen gespannt vor dem Fernseher und unterhielten uns über Silvester. Das war erst in drei Tagen, somit hatte ich keinen Plan. Aber da fiel es mir ein und ich schlug vor: „Wir könnten ja nach London und zur DARTS-WM fliegen?“ Drei Tage später saß ich mit einem quasi „wildfremden Mann“ am Wiener Flughafen und wartete auf unseren Flieger. Ich freute mich, die spontansten Dinge sind doch immer die Besten? Ich war Single, noch nie in London, außerdem benötigte ich Ablenkung und meine Urlaubsbegleitung war optisch durchaus vielversprechend. So, why not?

LONDON

In London angekommen, liefen wir durch die Stadt und erkundigten uns, wo wir am besten das Feuerwerk ansehen könnten. Auf der Tower Bridge. Also nichts wie hin. Die Busstation war auch schnell gefunden, nur gegen 21:00 Uhr in der Silvesternacht fuhren die Busse nicht mehr so regelmäßig. Da wir nicht warten wollten, beschlossen wir einfach ein paar Stationen zu gehen, so weit kann es ja nicht sein. Was wir beide nicht bedachten – den Linksverkehr. Diesen ließen wir links liegen und so kam es, dass wir 1,5 Stunden in die verkehrte Richtung liefen. Als wir es bemerkten, konnten wir uns vor lachen kaum noch halten, über unsere eigene Dummheit konnten wir schon mal lachen. Kurzerhand beschlossen wir, mit einem Taxi zu fahren. Gute Idee, zu Silvester, da gibt es Taxis an jeder Ecke. Eine gefühlte Ewigkeit später haben wir glücklicherweise ein freies Taxi ergattern können und fuhren endlich zur Brücke. Wir verbrachten dort den Jahreswechsel. Bis zu diesem Zeitpunkt lief es gut und ich war guter Dinge, einen guten Start ins neue Jahr hinzulegen und das Alte schnell hinter mir zu lassen. Auf der Brücke überschlugen sich aber etwas die Ereignisse. Zuerst lernten wir „echte" Engländer kennen. Diese „echten" Engländer sahen aus wie Hooligans, außerdem waren sie viel zu leicht angezogen. Aber sie schienen harmlos und sie hatten Wodka. Wir tranken mit ihnen und ich fragte, wie wir schnellstmöglich in den berühmten Ally Pally am nächsten Tag kommen würden. Da befindet sich das Spektakel der Darts-WM. Einer der Typen beschrieb mir mit seinem typischen Oxford Englisch den Weg. Ich schon angetrunken, meinte nur „oh fuck“, mir war klar, dass ich mit meinem Orientierungssinn, der bei jeder Erbse ausgeprägter ist, niemals ankommen würde. So schlug mir der hilfsbereite Engländer vor, die Wegbeschreibung per Whatsapp zu schicken. PERFEKT – Ja sicher, good idea. Ich als altmodischer Mensch, teilweise überfordert mit der neuesten Technik, dachte gar nicht an Google Maps oder ähnliche Hilfsmittel. Meiner Begleitung war das mehr als unrecht. Es kam zum Streit und plötzlich befand ich mich mitten in einem Eifersuchtsdrama wieder. Ich war genervt, mehr als nur das. Ich verstand den Aufstand nicht. Der englische Hooligan war überhaupt nicht mein Fall und interessierte mich nicht die Bohne. Ich war bloß ein kommunikativer Mensch – schon immer. Ein Segen und ein Fluch zugleich.

Wir verließen die durchgeknallte Runde und landeten in irgendeinem Pub neben der Tower Bridge. Das Feuerwerk sahen wir außerdem auch nicht. Es gab dort keines. Der Streit ging weiter und endete mit Schweigen. Zum Glück ist englisches Bier so stark, dass ich schon mehr als nur beschwipst war und wir zurück ins Hotel gingen. Ich schlief rechts, er links, kein gute Nacht, kein Wort, keine Berührung und ca. 80 cm Sicherheitsabstand in einem Doppelbett. Am nächsten Morgen aufgewacht, etwas verkatert, sahen wir uns die Neujahrsparade an. By the way – sehr empfehlenswert. Gespräche führten wir weiterhin nicht. Nur das Nötigste. Wir rannten dann die Innenstadt und typischen Sehenswürdigkeiten ab. Gegen Abend sprachen wir uns aus und einigten uns darauf, dass er übertrieben hatte und ich vielleicht auch verständnislos reagierte und wir den gestrigen Abend hinter uns lassen würden. Die Stimmung hob sich und ich freute mich schon wahnsinnig auf die Darts-WM.

Dort angekommen wurde ich richtig geflasht. So viele verrückte Menschen in verschiedenen Kostümen waren einfach nur einzigartig. Es war wirklich sehr lustig. Wir waren rasch bei unseren Plätzen und das erste Match begann. Die Stimmung in dieser Halle war legendär. Ich war schon oft bei Fußballspielen oder, noch besser, bei Eishockeyspielen, aber so etwas hatte ich bis dahin noch nie erlebt. Ich hatte wahnsinnig viel Spaß. Sang die Schlachtgesänge mit, hüpfte wie Rumpelstilzchen umher und war fröhlich. Meinen bis dahin noch unbekannten Sitznachbarn aus Deutschland steckte meine Art anscheinend an und er war ebenfalls aus dem Häuschen. In unserer gemeinsamen Euphorie, so etwas erleben zu dürfen, kamen wir ins Gespräch. Der verrückte „Piefke" flog ganz allein nach London, nur um dieses Spektakel zu erleben. Er war deutlich jünger, aber wir teilten eine Leidenschaft: DARTS. Wir hatten Spaß und ich bemühte mich, meine Begleitung in die Gespräche einzubauen, denn einen neuerlichen Beziehungsstreit ohne Beziehung wollte ich wirklich nicht. Blöderweise funktionierte es nur bedingt, der Typ war spaßbefreit und stand neben uns wie ein begossener Pudel. Ich ließ mir aber meine Stimmung nicht vermiesen.

Bei der Heimfahrt durfte ich mir eine neuerliche Standpauke gefallen lassen. Schon wieder. Die Stimmung war neuerlich gekippt und ich genervt von hier bis Texas. Zurück im Hotel, schlief ich rechts, er links, kein gute Nacht, kein Wort, keine Berührung und ca. 80 cm Sicherheitsabstand. Déjà-vu.

Am nächsten Tag erkundeten wir wieder die Stadt, fuhren zu dem Fußballstadion und gegen Abend endlich zum Flughafen. Wir sprachen fast kein Wort, am Flughafen fühlte ich mich schon so einsam, dass ich mich bei Freunden via WhatsApp beschwerte. An diesem Wochenende war das Motto: Reden ist Silber und schweigen Gold. Ich wusste, diesen Typ will ich nicht wiedersehen. Kurz vor Abflug startete er einen Rettungsversuch, den ich gleich im Keim erstickte. Wir flogen heim, ohne ein Wort zu sprechen und stiegen am Flughafen in ein Taxi Richtung Parkplatz. Im Taxi fragte meine gutaussehende spaßbefreite und langweilige Begleitung dann tatsächlich den Wiener-Taxifahrer: „Ist auf dem Weg nach Klagenfurt Stau?“ Ich fing an zu lachen, der Taxifahrer begann zu lachen und er wurde wütend. Ich konnte mich vor lachen nicht mehr halten. So eine dumme Frage. Woher soll der Taxifahrer denn bitteschön wissen, ob nach Klagenfurt Stau ist und warum sollte um 23:00 Uhr an einem Sonntag Stau sein? Er selbst fand aber, dass es gar keine dumme Frage gewesen war. Daraufhin wurde das Gelächter des Taxifahrers und mir noch lauter. Die Fahrt verging zum Glück schnell und ebenfalls ruhig. Zuhause angekommen, verabschiedeten wir uns. Mir war bewusst, dass wir uns höchstens wegen Urlaubsfotos und wegen seinem Pokerkoffer, der noch bei mir gebunkert war, kurz wiedersehen würden. Ein paar Tage später meldete er sich. Er wollte mich zum Essen einladen und einen Neustart wagen. Natürlich – natürlich NICHT. Da gibt es keinen Versuch mehr, das war definitiv gescheitert. Meine bestimmt nicht allzu nette Abfuhr damals trug zumindest dazu bei, dass ich seither nie mehr etwas gehört hatte.

Urlaubsfotos hat er von diesem unvergesslichen Kurztrip nie erhalten. Ich habe aber seither einen Pokerkoffer. Somit hatte ich seit dem Wochenende zumindest doch etwas Bleibendes. Ab diesem Zeitpunkt habe ich mir geschworen, mit dem nächsten potenziellen Kandidaten auch gleich mal in den Urlaub zu fahren. Es erspart einfach wahnsinnig viel Zeit.

Der Lückenfüller

Zurückgekommen hatte ich schon den nächsten möglichen Mann an der Angel. Mittlerweile hatten meine Freundinnen schon Mitleid mit mir und versuchten mich ständig an den Mann zu bringen. So erzählte mir eine Freundin schon ewig vom Taufpaten ihres Kindes, der auch Single war, und setzte sich in den Kopf, uns zu verkuppeln. Sie war sich sicher, das könnte passen. Wie sie auf die Idee kam, ist mir heute unverständlich. Wir sind von der Art her nämlich wie Tag und Nacht. Es wurde jedenfalls ein gemeinsames Frühstück vereinbart. Zu diesem Frühstück kam es aber nicht, da ihr Kind krank wurde. Daraufhin schickte sie mir seine Nummer. Mit einer kurzen, aber lustigen Nachricht meinte ich, es sollte wohl nicht sein. Das machte mich scheinbar interessant und wir trafen uns noch am selben Tag in einem Café. Eigentlich wollte ich nur eine Stunde weg sein, es wurden aber drei. Er war wirklich nett und auf den ersten Eindruck war ich sogar etwas angetan. Optisch war er auch mein Typ, zwar sehr groß aber durchaus gut in Schuss.

Wir verabschiedeten uns und vereinbarten uns bald wieder zu hören. Ich dürfte ihn damals sehr fasziniert haben. Später hat er mir mal gesagt, dass er sich bei diesem Treffen schon in mich verliebt hatte, und das, obwohl er noch nicht mal wusste, wie gut ich küssen kann. Wir trafen uns öfters und auch ich hatte mich verschaut. Wir trafen uns häufiger und wurden ein Paar. Unsere gemeinsame Freundin war stolz wie Oscar und fühlte sich wie die Oberkupplerin der Nation. Ich hatte endlich wieder eine Beziehung. Auch in Bezug auf meinen Ex-

Freund war mir das damals ganz recht. Die Gefahr, bei der nächsten Kontaktaufnahme wieder rückfällig zu werden, verringerte sich und ich präsentierte nach außen, dass auch mein Leben endlich weitergehen würde. Da mein neu gewonnener Freund in der Stadt wohnte und viel arbeitete, hatte ich immer noch genug Zeit für mich selbst, für meine Hobbys und meine Freunde.

Es war schön, wieder jemanden zu haben, eine Beziehung zu haben. Da die Pleite mit London noch nicht lange her war, beschloss ich ihn gleich auf Herz und Nieren zu prüfen. Wir buchten ein Thermenwochenende in Ungarn. Das Wochenende war OK, allerdings fühlte ich schon damals, dass das wohl nicht das Wahre war. Zumindest sprachen wir noch miteinander. Aber es passierte schon wieder, wie so oft in meinem Leben. Die anfängliche Euphorie verschwand schnell. Ich beschloss aber diesmal, nicht gleich wieder nach kürzester Zeit das Handtuch zu werfen, und gab ihm eine Chance. Zu Ostern war meine Motivation, ihn zu treffen, schon sehr eingeschränkt. Er war mir zu anhänglich oder ich hatte mich einfach nicht verliebt. Die Verschautheit wurde nicht zur Verliebtheit, sondern eher Betrübtheit. Trotzdem wollte ich diese Bindung nicht aufgeben. Er war hin und weg von mir, es fehlte mir an nichts. Er machte mir Komplimente und jede Frau kann sich so einen Mann nur wünschen. Ich gab die Hoffnung nicht auf, dass die Liebe noch kommen würde und ich einfach nur Zeit benötigen würde, da ich noch immer nicht meine letzte Beziehung zur Gänze hinter mir gelassen hatte. Wenn ich meinen Ex zufällig sah, begann ich am ganzen Körper unkontrollierbar zu zittern, ich fuhr Umwege, um seinen Eltern nicht zu begegnen, und ich besuchte Orte nicht mehr, an denen ich ihn vermutete, und vertröstete seine Mutter, wenn sie sich wieder einmal treffen wollte. Ich schränkte den Kontakt ein, da es mir nicht guttat. Ich fand es aber ausgesprochen nett, dass sie sich noch immer meinem Kind gegenüber verpflichtet fühlte. So gab ich mir von Zeit zu Zeit einen Ruck und stimmte Treffen zu. Allerdings machte es die Situation nicht gerade erträglicher. Ich dachte oft an meinen Ex-Freund und träumte nicht weniger oft von ihm. Diese Tatsachen bestärkten meine Theorie der benötigten Zeit.

Zu Ostern folgte aber die Gewissheit. Eigentlich wollte meine derzeitige Beziehung mich seiner Familie vorstellen. Seine Mutter lud ihn auch ein, allerdings betonte sie, dass er allein kommen solle. Zugegeben, schockiert erzählte er mir von der Einladung. Er regte sich maßlos darüber auf und wollte keinesfalls dort hin. Dann beging er einen Fehler. Er nahm es hin, nahm die Einladung doch an und bot seiner Mutter nicht die von mir erwartete Stirn. Ich war enttäuscht, aber nicht, weil ich nicht mitkonnte, sondern weil er es anders wollte. Ich sah ihn ab diesem Zeitpunkt mit anderen Augen. Jemand der sich nicht gegen seine eigene Mutter durchsetzen konnte, kann sich auch nicht gegen mich durchsetzen. Außerdem war sein Studenten-Stil mir auch schon auf die Nerven gegangen. Die Tatsache, dass er sein Fahrrad vor meiner Firma parkte, zwei Sekunden bei mir etwas abgab und für diesen Wimpernschlag sein Rad absperrte, waren Dinge, die mir aufzeigten, wie unterschiedlich wir waren. Auch musiktechnisch und politisch waren wir wie Tag und Nacht. Außerdem konnte ich ihn nicht riechen. Tatsächlich empfand ich seinen Geruch immer öfter als unangenehm. Last but not least konnte er sich in der

Firma auch nicht durchsetzen. Schlussendlich dachte ich einfach er sei mir nicht gewachsen. Jemand, der sich bei der Chefin und bei der Mutter nicht durchsetzen kann, kann mir als Partnerin bestimmt nicht Paroli bitten. Dieser Mann hätte jeden zweiten Tag aus der Tür geweint. Ich wusste, das würde in einer Tragödie enden. Und lieber ein Ende mit Schrecken als ein Schrecken ohne Ende. Ich beendete diese kurze Beziehung.

30er

Mein dreißigster Geburtstag stand vor der Tür. Mit viel Trara widmete ich mich schon länger den Vorbereitungen für dieses Fest. Es sollte eine unvergessliche Party werden. Da ich es liebe, Partys zu organisieren, suchte ich nach einem Motto. Schnell war es gefunden: Oktoberfest. Alles wurde in Wiesenzeltoptik hergerichtet, Brezen gab‘s, Stelzen gab‘s, Weißwürste, Bier bis zum Umfallen und auch Spiele waren vorhanden. Ich sah etwas wehmütig diesem Geburtstag entgegen. Wer will schon als Frau 30 werden? Es ist das tatsächliche Ende der Jugend, ich war frisch getrennt und irgendwie noch immer nicht da, wo ich hinwollte! Nämlich ein Familienleben, ein Haus, eine glückliche Beziehung… Ich lud fast 50 Personen ein. Mich freute sehr, dass auch mein Bruder kam. Wir sahen uns in letzter Zeit nicht mehr oft. Meine Mutter hatte nach zwei Jahren erkannt, dass sie die Situation nicht im Griff hatte. Gemeinsam wollten sie eine Lösung suchen. Eine Einrichtung stand im Raum. Das wollte mein Bruder aber auf keinen Fall, allerdings wollte er sich auch nicht bessern. Mein Stiefvater war ebenfalls der festen Überzeugung, dass sein Kind nicht in eine Einrichtung gehöre. Sie geritten in Streit, der sich nie wieder legen sollte. Wahnwitzige Vorwürfe musste sich meine Mutter gefallen lassen. Ich kann an dieser Stelle nur erwähnen, dass Mama alles, aber auch wirklich alles in ihrer Macht stehende unternahm, dass er wieder zurück ins Leben finden würde. Sie hat lange Zeit ihr Leben hintenangestellt und jeder einzelne Vorwurf meines Bruders ist fürs Klo. Ich kann aus heutiger Sicht nur immer noch betonen, eine Einrichtung wäre die einzig richtige Entscheidung gewesen. Was danach passierte ist eigentlich nämlich unfassbar. Mein Bruder wohnte jetzt in einem Haus, das er sich überteuert gekauft hatte. Irgendwo im Nirgendwo, ja, dort, wo sich Fuchs und Hase gute Nacht sagen. Viel zu weit weg vom nächsten Krankenhaus. Prima Idee, wenn man jederzeit epileptische Anfälle bekommen könnte und ein Pflegefall ist. Auch viel zu weit weg von sozialen Kontakten. Ganz zu schweigen davon, dass das Haus direkt am See liegt, in dem er nie schwimmen kann, dreistöckig ist, wo er nur das Erdgeschoss nutzen kann und der Grund Hanglage hat. Zumindest ist die Aussicht schön. Die Pflege übernahm der Vater.

Nun aber zurück zu der Gästeliste. Lediglich zwei Personen folgten meiner Einladung nicht – meine beiden besten Freunde.

MEINE BESTEN FREUNDE

Auf der einen Seite ging es um den schon oft erwähnten Anker, der sich in den letzten Monaten erneut zu einer unfassbaren Stütze entwickelt hatte und mit dem ich einfach so viel lachen und, wenn nötig, auch weinen konnte, mit dem ich mich von Beginn an verbunden fühlte und dem ich blind vertraute. Er war verhindert wegen Umbauarbeiten in seiner Wohnung.

Auf der anderen Seite meine Konstante seit Jahren. So nennt er sich selbst. Diesen Mann kenne ich schon seit meinem 18. Lebensjahr. Er war immer an meiner Seite. Zwischenmenschlich war nie der richtige Zeitpunkt gekommen, es hatte nie gepasst und irgendwann war es zu spät, da hatten wir den Zug versäumt. So verschwendete ich seit Jahren keinen Gedanken daran. Ich liebe ihn durchaus, aber wie einen Bruder. Unser Verhältnis ist auch sehr familiär. So kennen sich unsere Eltern, wir verbringen Feiertage gemeinsam und seine Eltern sind die perfekten Wahl-Großeltern für mein Kind geworden. Auch weil meine Mutter seit dem Unfall meines Bruders nicht mehr die Zeit hatte sich um meinen Sohn zu kümmern. Ich wollte ihr auch nicht noch mein Kind aufhalsen. Leider verlor sie in dieser Zeit die Bindung etwas zu ihrem Enkelkind und in weiterer Folge auch zu mir. Daher sind die Eltern meines besten Freundes wohl auch ein Stück weit meine Wahl-Eltern geworden. Ohne sie wäre vieles nicht möglich gewesen. Immer wenn Not am Mann war, sind sie als Babysitter eingesprungen und haben mir somit das Leben wahnsinnig erleichtert. Ich weiß, dass ich mich immer auf ihn und seine Eltern verlassen kann. Er wünscht mir nur das Beste und genauso ist es umgekehrt auch. Allerdings ist er auch eigen, so nahm ich es einfach hin, dass er ohne Begründung nicht erschien und war ihm auch nicht böse. So ist er eben.

Die Party war ein voller Erfolg, auch wenn ich dank meiner Arbeitskollegin kurzzeitig ausfiel, da Schnapsspiele einfach nicht mein Ding waren. Meinem Ex-Freund fiel die Trennung, die ca. drei Wochen her war, weniger leicht als mir. Er war davon überzeugt, mir eine Freude zu bereiten und tauchte unangekündigt auf der Feier auf. Sturzbesoffen. Was für ein Drama. Er schwor mir seine Liebe und verstand gar nicht, dass er fehl am Platz und ich nicht erfreut war. Für mich war es vorbei. Definitiv. Er verließ nach einem Streitgespräch mit mir und Diskussionen mit meinen Freunden die Party. Allerdings sollte es für diesen Abend nicht die letzte Aufregung bleiben.

Wir landeten schlussendlich in einer Disco. Da begegnete mir schon der nächste Ex-Freund, sturzbetrunken. Es lief wie immer ab. Er lallte mir sein übliches Gesülze vor. Ich war die große, einzige, wahre Liebe. Ich an meinem 30. Geburtstag, leicht empfänglich für solche Geständnisse, saß schlussendlich weinend an der Bar. Wieder mal. Auf dem Nachhauseweg ließ ich das Gespräch noch einmal Revue passieren. Hatte er mir doch ausführlich erklärt, dass er jeden Tag neben der falschen Person aufwachen würde. Der arme Kerl, kann ich nur sagen. Eine „kluge“ SMS, mit wahnsinnig intelligenten Tipps von mir führte zu einem Drama. Seine Freundin hatte die Nachricht gelesen und machte mir schwere Vorwürfe. Ich würde ihre Beziehung gefährden. Ich war genervt, traurig und verstand nicht, warum er mich jedes Mal so dermaßen aus der Bahn werfen musste, und beschloss, dem Ganzen ein Ende zu setzen. Aber wie? Ganz klar, ich klärte die neue Freundin mal auf, wie es tatsächlich war. Folgende Beweggründe hatte ich: 1. Eigenschutz, mir war klar, danach würde er nicht mehr mit mir sprechen, somit kann er mich nie mehr mit Liebesgeständnissen in den Bann ziehen. 2. Die Arme tat mir auch noch leid, ich hätte mir im Nachhinein oft gewünscht, mich hätten mehrere Personen mit Fakten konfrontiert. So schrieb ich einen Brief. Einen Brief an seine Freundin, in dem die Wahrheit stand. Ich schilderte ihr detailliert die Ereignisse im letzten Jahr. Alle Begegnungen, jede SMS, jede Nachricht inklusive Datum und Uhrzeit. Mehr Fakten waren nicht möglich. Die Antwort kam sofort. Sie glaubte mir kein Wort, welch Überraschung, dafür erfuhr ich, dass sie schon seit dem letzten Sommer ein Paar waren. Dass ich in dem Brief erwähnte, dass wir bis September noch intensiven, regelmäßigen Kontakt hatten, glaubte sie mir auch nicht. Ich wusste aber zumindest nun, dass er schon mit ihr zusammen war, als er permanent vor meiner Tür stand und angeblich unserer Beziehung noch eine Chance geben wollte. Wie widerlich er doch war. Ich bekam noch einen Anruf, von ihm höchstpersönlich. Er beschimpfte mich und drohte mir. Er sagte mir, er würde meinem Kind und mir etwas antun, sofern ich nicht alles zurücknehmen würde. Ich bekam Panik und der Punkt war erreicht, wo es zu weit ging. Ich schrieb ihr eine kurze Nachricht und nahm es zurück. Ich wollte weder das Leben meines Kindes noch mein Eigenes für einen untreuen Vollhorst gefährden. Ich hatte Angst, immerhin wusste er alles über uns. Wohnort, Schule, Nach-Hause-Geh-Zeiten, Trainings usw. einfach alles. In der ersten Nacht nach der Drohung hatte zufällig die Taufpatin meines Kindes bei uns geschlafen. Sie hatte kein Auge zugemacht. Zum Glück waren es nur verzweifelte Drohungen, um seine heile Welt nicht zu zerstören. Irgendwie ja auch verständlich. Wenn das Kartenhaus einzustürzen droht, muss man zu härteren Mitteln greifen. Zumindest war aber Ziel Nummer Eins, er würde nie mehr mit mir sprechen wollen, erreicht. Mein bester Freund empfand ihn als lächerlich und nahm mir meine Angst, auch als ein paar Tage später in meine Wohnung eingebrochen wurde. Im ersten Schock dachte ich, mein Ex machte seine Drohungen war. Auch mein Anker war dieser Meinung, war sofort zur Stelle und schlief an diesem Abend auch bei mir. Erstmals auch gemeinsam in einem Bett. Ganz harmlos, er war doch mein bester Freund. Das letzte Mal, als wir gemeinsam in einem Bett lagen, war über zwei Jahre her, damals im Stockbett meines Sohnes. Schon wieder hatte uns mein Ex-Freund näher gebracht, ohne eigentlich dafür verantwortlich gewesen zu sein. Ich glaube nicht, dass er bei uns eingebrochen hatte. Wer es war, erfuhr ich allerdings nie. Komisch war nur, dass lediglich die Spardose gestohlen wurde.

Dass es eigentlich keine Freundschaften zwischen Frauen und Männer gibt – verdrängte ich gut. Jeder weiß, dass bis auf wenige Ausnahmen meistens einer der beiden irgendwann mehr will.

Der Kontakt wurde intensiver und mehr denn je. Er war allein, ich war allein und es ging ihm nicht gut. Er hatte Probleme mit seiner Ex-Freundin und ich versuchte ihn mit meiner lockeren, frischen Art abzulenken. Das gelang mir manchmal besser, manchmal schlechter. Hin und wieder kam ich auch an meine Grenzen. Besonders, wenn ich im schwarzen Kleid aufgetakelt auf ihn wartete, um schön essen zu gehen, er dann aber kurz vorher absagte.

Zeitgleich machte ich mir über meine Wohnungssituation Gedanken. Nach dem Einbruch fühlte ich mich nicht mehr sicher in meiner Wohnung. Wohl fühlte ich mich schon seit dem Auszug meines Ex-Freundes nicht mehr, aber jetzt auch noch unsicher. Ich überlegte, mir eine Wohnung zu kaufen. Ich zahlte fast 1000 Euro Miete. Bei der Aufstellung, wie viel Miete ich schon verpulvert hatte in den letzten Jahren, wurde mir schlecht. Eine Gartenwohnung, leistbar und mit mindestens drei Zimmern, musste her. Gestaltet sich aber schwierig. Bei der Wohnungssuche unterstützte mich mein bester Freund mit fachlichem Rat. Er kannte sich aus, hatte er doch erst seine Wohnung gekauft.

Nur FREUNDSCHAFT?

Wir hörten uns mittlerweile täglich und so kam es, wie es kommen musste und wahrscheinlich schon mehr als überfällig gewesen war. Eines Tages nach einem gemeinsamen, lustigen Abend, hatten wir Sex. Der Sex war fürs erste Mal gut, der Morgen danach ausbaufähig. Er hatte noch nicht mal die Augen geöffnet, da sprang er auf, zog sich in Windeseile an und war schon aus der Tür. Irgendwelche wahnsinnig wichtigen Gründe schob er vor: seine Wäsche. Auch die Ansage, in meinem Bett könne er nicht schlafen, fand ich nicht befriedigend. Ich war überrumpelt, jetzt schliefen wir miteinander und er wollte nur weg. Anscheinend war es für ihn nicht sonderlich schön, neben mir aufzuwachen, dabei sehe ich ungeschminkt gar nicht so übel aus. Später erzählte er mir, dass er schlicht und einfach überfordert war, in dem Bett aufzuwachen, indem ein Jahr zuvor noch sein ehemaliger Freund täglich genächtigt hatte. Abgesehen davon, war er ein von Ängsten geplagter Mensch. Ich kann mir auch gut vorstellen, dass er befürchtete, jetzt wird's kompliziert.

So war es dann ja auch. Die erste SMS von ihm danach mit „hoffentlich wird's nicht komisch zwischen uns“ beschreibt ziemlich gut die nächsten Wochen.

Es wurde natürlich komisch. Sex veränderte schlicht und einfach alles. Ich war ja schon immer von ihm angetan, habe aber bis zu diesem Zeitpunkt mir plausibel eingeredet, wir sind nur Freunde. Seine Eifersuchtsszenen ignorierte ich doch auch. Eine Beziehung zwischen uns könne nicht funktionieren, war er doch ein übersensibler Mensch, der kritikunfähig war, und wir wussten zu viel voneinander. Die letzten Wochen und diese Nacht änderten meine Meinung. Ich hatte mich wohl verschaut und musste mir eingestehen, dass ich mir es nicht mehr vorstellen konnte, ihn nicht täglich in meinem Leben zu haben. Ich interpretierte auch alle Zufälle und diese vielen schicksalhaften Begegnungen seit Silvester vor Jahren, als Zeichen. Außerdem wollte ich endlich wieder Ruhe in meinem Leben, Kontinuität, und er erfüllte die meisten Kriterien, die mir wichtig waren.

Ja, was soll ich sagen, eine Frau, die weiß was sie will, erzeugt Druck. Druck erzeugt Gegendruck und Überforderung. Überforderung provoziert Streit und Streit verursacht massenhaft dreiseitige Mails. Ich verstand ihn nicht. Einerseits sei ich laut seinen Worten einer der wundervollsten Menschen, die er kennen gelernt hatte, den er nicht missen wolle, den er brauche und gleichzeitig wollte er mich aber doch nicht.

Auf der Hochzeit von meiner Freundin, die mich Anfang des Jahres noch verkuppeln wollte, sah ich natürlich auch meinen letzten Ex. Er war ja der Taufpate und ein guter Freund von dem Ehepaar. Das war das letzte Mal als ich ihn sah, nach einer Eifersuchtsszene, ein paar Schlägen gegen den Bräutigam und einer Schreierei – NO FUCKING WAY, GO AWAY – war er endgültig blockiert.

Ein paar Tage später ging es gemeinsam mit der Schwester meines Kindes und deren Mutter nach Bulgarien. Es war herrlich. Ich genoss die Auszeit. Der Sommer an sich war von vielen schönen Momenten geprägt.

Das Drama mit meinem besten Freund, mit dem ich mittlerweile regelmäßig schlief, nahm seine Fortsetzung. Als ich mit meiner besten Freundin nach Mallorca flog, war er eifersüchtig. Gleichzeitig sagte er mir aber, dass ich eine freie Frau sei. An manchen Momenten fühlte ich mich geliebt, geschätzt und an manchen Tagen fühlte ich mich schlicht und einfach verarscht. Wir hatten trotzdem täglich Kontakt. Und er fehlte mir, wenn wir wirklich einmal keinen Kontakt hatten, weil wieder ein Streit einen kurzen Kontaktabbruch hervorrief. Eigentlich war es im Grunde schon eine Beziehung. Es gab nach Rücksprache keine anderen Dates, keinen anderen Kontakt zu anderen potenziellen Partnern und wir stellten auch unsere Familien und unsere Freunde dem jeweils anderen vor. Wir waren bei den Arbeitskollegen präsent. Ich war auf Firmenfesten dabei und er bei gemeinsamen Grillabenden mit meinen Freunden. So war es auch, dass ich ihn am 60. Geburtstag seiner Mutter begleiten durfte. Ich war wahnsinnig aufgeregt, ich lernte seine Verwandten kennen, seine Schwester und ich war für die Torte verantwortlich. Ich liebe es, Torten zu backen, habe in den letzten sechs Jahren bestimmt über 1000 gemacht. Viele gute, aber oft gelingen sie mir auch nicht so gut. Vor allem bei den zukünftigen Schwiegereltern ist die Messlatte wahnsinnig hoch. Aber die Tatsache, dass ich diese Aufgabe hatte und dabei war, war für mich das eindeutige Zeichen, er würde mehr wollen und sich schon bald auch offiziell für mich entscheiden.

Leider kam es immer wieder zu Vorfällen, die diese Theorie nicht bestätigten. Im Gegenteil, er nahm mir die Sicherheit. Er verunsicherte mich und löste Angst aus. Dies wiederum führte zu Diskussionen, Missmut und zu negativer Energie und oft konnten wir die Zeit miteinander nicht beziehungsweise nur unzureichend genießen. Er blockte immer wieder unbegründet ab. Er wehrte sich, oft wollte er mich einfach nicht sehen und gab mir das Gefühl mich nicht zu wollen. Manchmal war ihm eine Autofahrt von zwanzig Minuten zu lange, um mich zu sehen. Das kränkte mich. Ich zog mich zurück, denn eines wollte ich bestimmt nie mehr – leiden. So zu leiden, wie ich es das letzte Jahr getan hatte. Immer wenn ich mich zurückzog, kam er plötzlich wieder einen Schritt auf mich zu.

Das ganze Spiel lief ein halbes Jahr lang. Mein Sohn war übrigens begeistert von ihm. Fairerweise muss man aber auch sagen, er hatte eine PS4. Eine PS4 in diesem Alter ist eine gigantische Waffe. Scherz beiseite, er mochte ihn wirklich und wenn er ihn länger nicht sah, weil ich mich abends mit ihm traf, vermisste er ihn.

Da es immer wieder Rückschläge gab, schaute ich einmal mehr, einmal weniger nach einer Eigentumswohnung. Die mir dann aber prompt in den Schoß fiel. Klagenfurt Umgebung – vier Zimmer, zu einem vernünftigen Preis inklusive Garten. Perfekt. Ich reservierte die Wohnung.

Mein Ex-Mann meldete sich auch wieder. Er suchte erneut den Kontakt zu unserem Sohn. Ich hatte ein schlechtes Gewissen und stimmte erneut zu. Was blieb mir auch anderes übrig? Er war nun mal der Vater. Laut Gerichtsurteil stand es ihm auch zu. Alle drei Wochenenden war mein Sohn wieder bei seinem Erzeuger. Aber wie man erahnen kann, nicht lange …

Nach einem halben Jahr, wahnsinnig schönen Momenten, tollen Nächten, intensiven, ehrlichen Gesprächen, etlichen Diskussionen, Streitereien, bitterbösen SMSn und totaler Ratlosigkeit war es schon November geworden. Ich machte mir wie immer zeitnah Gedanken um das Fest des Jahres. Das Fest der Familie. Weihnachten. Bei einem Telefonat fragte ich ihn, circa fünf Wochen davor, ob wir gemeinsam feiern würden. Seine Antwort war nicht meine gewünschte. Er meinte, das könne er aus heutiger Sicht nicht sagen. Na bumm, ich kann es ja irgendwie nachvollziehen. Ich weiß auch oft nicht, was ich am nächsten Tag geplant hatte, aber in diesem Fall verstand ich natürlich nicht. Immerhin ging es um Weihnachten. Ohne „Partner" in diesem Jahr ein Ding der Unmöglichkeit.

Weg – nur weg – weit weg

Zutiefst gekränkt verabschiedete ich mich und machte ihm klar, dass ich nicht mehr so weitermachen möchte. Ich will etwas Fixes oder gar nichts mehr. Trotzig brach ich den Kontakt ab. Gleichzeitig war mir bewusst, dass ich heuer nicht in Österreich verweilen werde. Letztes Jahr war traurig genug. Nicht noch ein Weihnachten dieser Art. Ich suchte nach dem perfekten Urlaub für den Kleinen und mich. Weit weg, aber bitte in einem Club. Ohne Begleitung bin ich einfach ein zu großer Angsthase, um die Welt zu erkunden. Ich, voller Tatendrang, den passenden Urlaub zu finden, war in der Firma, als ein Kollege vorbeikam. Wir führten Smalltalk. Sofort erzählte ich von meinen Urlaubsplänen und sagte im Scherz: „Willst mitfahren?“ Noch nicht mal ausgesprochen sagte er schon JA. Angeblich hätte er auch schon überlegt, das Weite zu suchen. Kurz ging es noch um die Destination, aber wir waren uns schnell einig. Ich verbrachte die nächsten Tage auf Restplatzbörse und spammte ihn mit passenden Anboten zu. Nach ein paar Tagen hatten wir eine Reise nach Thailand gefunden. Preislich war es durchaus im Rahmen, 3300 Euro für elf Tage über Weihnachten und Silvester. Ich machte mich auf den Weg ins Reisebüro und buchte. In knappen drei Wochen sollte es schon losgehen. Eine Storno-Reiseversicherung war somit schlicht und einfach überflüssig, wir beide waren selbst seit Jahren in der Branche tätig, waren uns auch hier einig. Nicht, dass ich nicht die Risiken kannte, aber ich war der tiefsten Überzeugung, dass es keinen Grund geben würde, nicht zu fliegen.

Schritt eins war erledigt, ging ich gleich zur nächsten Umsetzung, nachdem ja nichts aus der Beziehung mit meinem besten Freund wurde. Die Wohnung. Ich unterschrieb den Vorkaufvertrag und fixierte somit den nächsten Umzug. Eine kleine Anzahlung musste ich vorab leisten und der richtige Kaufvertrag sollte dann im Jänner folgen.

Drei Wochen waren ohne Kontakt mit meinem sprunghaften nicht gemeinsam weihnachtenfeiernden Partner, der eigentlich gar nicht mein Partner war, verstrichen. Er meldete sich wieder. Er fragte mich, ob wir gemeinsam das Weihnachtsfest feiern würden. Ich berichtete ihm von den neuesten Plänen und er war alles, nur sicher nicht begeistert. Er hasste meine Schnellschüsse und war enttäuscht. Ich machte ihm aber klar, dass er selbst dafür verantwortlich war. Den kleinen Punkt, dass ich jetzt auch eine Urlaubsbegleitung hatte, verschwieg ich noch am Telefon. Ich konnte erahnen, dass er darüber gar nicht amused war. Aber aus tiefster Überzeugung, keinen Fehler gemacht zu haben, stand ich selbstbewusst Tage später in seiner Küche und meinte: „Weißt du, was das Beste ist? Ein Kollege fliegt auch mit, das ist super, denn somit brauche ich keine Sorge zu haben in einem fremden Land."

Ganz überzeugt war er nicht. Er malte sich schon die gemeinsamen Nächte, mit hemmungslosem Sex aus. Ich fand es übertrieben. Er war nur meine Urlaubsbegleitung. Auch mein Einwand, er wäre beinahe so alt wie meine Mutter, beruhigte ihn nicht sehr. Ich muss hier erwähnen, für mich war es zu diesem Zeitpunkt wirklich ohne Hintergedanken. Ich hatte nicht die Absicht, mit diesem Mann irgendetwas anzufangen. Einfach ein glücklicher Zufall und ein wahnsinniger Glücksgriff, denn die Vorstellung ganz allein mit Kind in einem anderen Land Weihnachten und Silvester zu verbringen, war nicht gerade berauschend. Dass meine Urlaubsbegleitung schon mal Interesse an mir zeigte, ich ihn aber mit dem Alters-Argument abblitzen ließ, erwähnte ich meinem Anker gegenüber natürlich nicht, aber das war alles lange her. Für mich stand fix fest, es wird nur ein Urlaub und kein Techtelmechtel und auch nicht der Beginn einer großen Liebe. Die Reise war gebucht und harmlos. Wir verblieben, dass ich in den Urlaub fliegen würde, wir uns danach treffen und dann gemeinsam den weiteren Weg besprechen würden. Ich sah es auch als Chance, Chance, sich in den zwei Wochen, wo ich nicht da war, bewusst zu werden, was er wirklich wollte.

ANDERS ALS GEPLANT

Vier Tage vor Abreise war ich beim Hofer einkaufen, als ich eine Mutter von der Klasse meines Kindes traf. Sie fragte mich, ob ich die Neuigkeiten schon gehört hätte. Ich verneinte und traute meinen Ohren nicht. In der Schule gab es Schafblattern. Hurra, wer hatte noch keine Schafblattern? Genau, mein Kind. Auch die Information, dass sein bester Freund ebenfalls schon davon betroffen war und fast die Hälfte der Schule, hob meine Stimmung nicht sehr. Voller Panik meldete ich mich bei meiner Urlaubsbegleitung. Er war tiefenentspannt und sah überhaupt kein Problem. Mein Kind hatte sie ja nicht. Männer – kann ich nur sagen. Am nächsten Tag rief ich im Reisebüro an. Die nette Dame meinte, es wäre grob fahrlässig zu fliegen. Abgesehen davon dürfe ich bei Ausbruch vor Ort nicht mehr nach Hause fliegen. Was zum Teufel sollte ich nur machen? Im Gedanken sah ich mich schon in Thailand in Quarantäne. Ich musste eine Entscheidung treffen, nämlich nicht zu fliegen. Die Angst war einfach zu groß und die Fakten sprachen auch dagegen. Es war so sicher wie das Amen im Gebet, dass sich mein Sohn auch schon angesteckt hatte. Wir sagten die Reise ab und mich kostete der Spaß eine Menge Geld und das gute Verhältnis zu meiner Urlaubsbegleitung. Er hatte kein Verständnis dafür und war bestimmt der Meinung, es sei nur eine Ausrede. Aber mir war egal, was er dachte, denn ich wollte das Risiko einfach nicht eingehen. Ab diesem Zeitpunkt mied er unser Büro, zumindest kam es mir so vor.

Weihnachten verbrachten wir dann bei meinem Hop-on-Hop-off-Freund. Gemeinsam mit seinen Eltern. Es war ziemlich stressig, in ein paar Tagen ein Weihnachtsfest auszurichten. Aber am 24. standen wir gemeinsam, als „Familie“, unter dem Baum. Die nicht zustande gekommene Reise sahen wir als Zeichen. Nach dem harmonischen, friedlichen, wunderschönen Weihnachtsfest beschlossen wir das neue Projekt, eine richtige, ernsthafte Beziehung in Angriff zu nehmen.

Am 26. Dezember, drei Tage nach dem geplanten Abflug, war es so weit, das Kind hatte wie erwartet Schafblattern. Da wir bei der Schwester in Wien eingeladen waren und sie schwanger war, brachten wir das Kind bei den Wahlgroßeltern unter. Abgesehen davon musste ich am nächsten Tag wieder arbeiten gehen. Das Kind war also bestens versorgt und wir verbrachten einen netten Stefanietag bei seiner Verwandtschaft. Ich fühlte mich dort herzlich aufgenommen und war glücklich, dass sich die letzten Monate doch noch zum Guten wandten. Die darauffolgenden zwei Wochen waren einfach nur herrlich. Wir verbrachten eng umschlungen, musikhörend, fernsehend oder einfach nur redend die Abende. Ich war der Überzeugung, es war die richtige Entscheidung. Ich war verliebt und wollte es definitiv probieren. So oft hatte uns das Leben schicksalhaft zusammengeführt. Endlich hatte er sich durchgerungen, endlich ließ er sein Herz sprechen und schaltete seinen Kopf, seine Zweifel ab. In dieser Phase musste ich mich auch wohnungstechnisch entscheiden. Das fiel mir angesichts der wunderbaren Zeit ganz leicht. Wir einigten uns darauf, da wir uns ja mittlerweile schon drei Jahre kannten und schlussendlich zueinander gefunden hatten, meine Wohnung abzusagen und zusammenzuziehen. Zwei Dinge mussten nur noch besprochen werden. Erstens, er rauchte in der

Wohnung, das kam für mich mit Kind nicht in Frage. Er willigte, wenig begeistert, ein. Ein größeres Thema waren Drogen. Ich habe schon immer eine eigene Meinung zu Drogen. Nämlich eine ganz strikte. Drogen sind für mich ein absolutes Tabu. Egal welche Art von Drogen, selbst Kiffen ist für mich ein No-Go. Abgesehen davon, dass ich Kiffen als Einstiegsdroge bezeichnen würde, braucht man das Zeug einfach nicht. Noch dazu bin ich Mutter und ich finde, in einem Leben von Eltern haben Drogen schon gar nichts verloren. Er konnte meine Meinung zu diesem Thema noch nie teilen. Er hatte schon in jungen Jahren mit Drogen zu tun. Ich glaube, es gab nicht viel, was er nicht ausprobierte. Da er, egal, in welcher Hinsicht, immer schon ein extremer Mensch war, war er auch in diesem Punkt extrem. Zum Glück fand er aber Jahre zuvor noch den Absprung. Allerdings griff er gelegentlich zu Drogen und fand das auch nicht weiter schlimm. In seiner letzten Beziehung kiffte er täglich. Seit wir im Kontakt waren, kokste er von Zeit zu Zeit. Nicht immer bemerkte ich das. Wenn ich es mitbekam, gab es Diskussionen. Mit der Entscheidung für eine Beziehung, eine gemeinsame Zukunft und eine gemeinsame Wohnung war das natürlich schlagartig anders. Ich machte ihm klar, dass jegliche Drogen ab sofort nichts in unserem Leben verloren hätten. Für mich wäre ein Missbrauch diesbezüglich ein Trennungsgrund. Er versicherte mir, dass er ab sofort diesen Kick unterlassen würde. Mehr war es seiner Meinung nach nicht.

UMZUG DIE NÄCHSTE

Somit war es fixiert. Ich zog in seine Eigentumswohnung, die er im Frühjahr gekauft hatte. Voller Freude und mit der rosaroten Brille auf der Nase kündigte ich meine Mietwohnung. Ich hatte wenig Angst, was hatte ich schon zu befürchten? Meine Wohnung wollte ich sowieso loswerden und ich könne mir ja auch zu einem späteren Zeitpunkt noch eine Wohnung kaufen. Step by Step siedelte ich. Jeden Tag nach der Arbeit nahm ich ein paar Kisten von der alten Wohnung mit in seine. Das Gästezimmer wurde zum Kinderzimmer umfunktioniert und seine Wohnung veränderte sich täglich. Aus einem Single-Männerhaushalt wurde eine Familienwohnung, mit Bildern, Fotos, und, ganz wichtig, DEKO. NICHT zu vergessen DEKO!!! Es lief gut. Und plötzlich ergab alles Sinn. Vielleicht musste ich mit dem Vorgänger durch die Hölle gehen, damit ich zu dem richtigen Mann kam. Denn eines ist fix, obwohl wir eigentlich im selben Bezirk aufwuchsen, hätten wir uns ohne meinem Ex-Freund niemals kennengelernt. Das erste Mal nach den ganzen Ereignissen, nach dem Leidensweg, nach den Morddrohungen war ich ihm sogar dankbar.

Mitten im Umzugsstress erfuhr ich neuerliche interessante Details über meinen Ex-Mann. Er züchtete Drogen zuhause und verkaufte diese auch noch an der Tür. Jetzt war er wohl komplett durchgedreht. Aber er brachte sich nicht nur selbst in Gefahr, nein, er zog auch noch seinen älteren Sohn in die Misere. Als ich das erfuhr, wurde mir neuerlich klar, dass er alles und jeden für Geld verkaufen würde. Ich zitierte ihn zu einem Gespräch in meine Firma. Dort konfrontierte ich ihn mit den neuesten Erkenntnissen. Er stritt natürlich alles ab. Ich sagte ihm meine Meinung, er hatte zu all seinen Kindern nur sporadischen Kontakt und er trug bei keinem seiner Kinder etwas Sinnvolles bei, außer permanent Unruhe zu stiften. Ich machte ihm klar, dass mein Kind sehr behütet bei mir aufwuchs, es dem Kind an nichts fehlen würde und er unserem Sohn nichts beibringen könne. Er war ein verlogener Mensch, der einen Mist nach dem anderen baute, der Leute manipulierte mit frei erfundenen Geschichten und sein Leben nicht im Griff hatte. Und ich war ihm voraus. Ich bluffte und behauptete, dass ich einen Käufer von ihm kannte. Und wenn er uns nicht in Ruhe lassen würde, drohte ich ihm, den Käufer, einen angeblich 16-Jährigen, bei der Polizei zu melden. Dieser würde dann bestimmt reden und somit würde auch er selbst hochgehen. Er bekam Panik und willigte ein, uns in Ruhe zu lassen und sah auch ein, dass er unserem Kind außer Unzuverlässigkeit und Enttäuschungen nichts bieten konnte. Endlich war diesbezüglich wieder Ruhe eingekehrt. Ich war erleichtert, denn mein Kind ist hoch sensibel und er kam mit dieser Unregelmäßigkeit nicht klar. Dies spiegelte sich in seinem Verhalten. Unser Familienleben litt darunter. Aber mit diesem Trumpf im Ärmel wendete sich alles zum Guten.

LIEBE oder WAHNSINN

Dieses Glücksgefühl, das mir auch meine neue Beziehung bescherte, wurde nach knappen zwei Monaten am Faschingsdienstag erstmals getrübt. Ich hatte erste Zweifel. Die Vorgeschichte ist kurz erklärt, seit der Schulzeit, gehen meinen beste Freundin und ich am Faschingsdienstag in die Stadt. Immer, ausnahmslos immer, verkleidet und mit voller Begeisterung. Auch diesmal war es so. Ich wollte ihn eigentlich mitnehmen, doch Fasching war laut seiner eigener Angaben nichts für ihn. Da meine Freundin schwanger war und ich nicht mehr in der Stadt wohnte, war mir bewusst, dass der Abend diesmal ein frühes Ende nehmen würde. Ich fuhr aus solidaritäts- und praktischen Gründen mit dem Auto und trank somit auch nichts. Total nüchtern, drängte ich um halb elf Uhr abends zum Heimgehen. Ich wollte heim, weil ich mir schon im Vorfeld anhören musste, dass es nicht normal sei, bis in den frühen Morgenstunden unterwegs zu sein. Eifersüchtig war er schon immer und ich wollte einfach keine Diskussionen. Meine Freundin wäre wahrscheinlich eh noch gern geblieben, aber da sie schwanger war, dachte sie wohl auch vernünftig.

Als wir uns von der Stadt auf dem Weg zum Auto machten, kamen wir noch an einer Pommesbude vorbei. Meine Freundin wollte noch essen. Und, ganz ehrlich, egal, wie schnell man heim möchte, einer schwangeren Frau schlägt man so einen Wunsch nicht ab. Man kann nie wissen, wie sich die Kombi Schwangerschaftshormone und Hunger auswirken kann. Um Eskalationen zu vermeiden, willigte ich ein. Kurz bevor wir den Stand verließen, schrieb ich eine SMS an meinen Freund, dass wir jetzt zum Auto gehen würden. In der Tiefgarage angekommen, zogen wir uns um, da das Kostüm der Nachbarin meiner Freundin gehörte und sie es gleich am nächsten Tag zurückgeben wollte. Beim Umziehen ließ ich meine Tasche und auch mein Handy auf der Rückbank, aber nicht absichtlich. Ich fuhr meine Freundin zu ihrer Wohnung und machte mich schnurstracks auf den Weg nach Hause. Wir wohnten etwa 20 bis 25 Minuten entfernt von meiner Freundin. Es waren mittlerweile etwa 40 Minuten seit meiner SMS vergangen. Ich war bereits bei der Autobahnauffahrt, als mein Handy läutete. Da erst bemerkte ich, dass es auf der Rückbank lag und ich musste trotz ein paar Versuchen akzeptieren, dass ich keine Chance hatte, es zu erreichen. Da ich aber lediglich noch ein paar Minuten brauchen würde, fuhr ich weiter und blieb nicht auf der Autobahn stehen. Bei der nächsten Ausfahrt bimmelte das Telefon schon zum dritten Mal und es ließ mich schon vermuteten, dass es zuhause Ärger geben würde. Ich fuhr trotzdem weiter, es waren ja nur noch ein paar Minuten.

Mit einem schlechten Gefühl, aber einer guten Erklärung und ohne Schuldgefühl sperrte ich die Wohnungstür auf. Was mich dann erwartete, konnte ich nicht glauben. Ohne Vorwarnung lag ich plötzlich am Boden und er auf mir, schimpfend, wütend und völlig außer sich. Er würgte mich. Ich konnte nicht fassen, was gerade passiert war. Er schrie und schrie und ließ sich nicht beruhigen. Da er vorab meinte, es könnte bei ihm eventuell nach der Arbeit später werden, hatten wir beschlossen, die ältere Schwester von meinem Sohn als Babysitter zu engagieren.

Dieses Wissen, dass eine 16-Jährige nebenan im Zimmer war und das Ganze mitbekommen könnte, verstärkte den Drang ihn irgendwie zu beruhigen. Doch keine Chance. Ein paar Schnaps-Stamperl später beruhigte er sich dann doch. Ich hatte schon gemerkt, dass er meine Abwesenheit nützte, seinen Alkoholvorrat zu verringern. Er war betrunken. Irgendwann, nach dem 100sten Versuch, ihm zu erklären, wie es war und dass ich weder meinen Ex noch irgend einen anderen Typ getroffen hatte, schliefen wir ein. Für mich war die Sache allerdings keineswegs erledigt. Im Laufe des nächsten Tages gab es eine Aussprache via Mail, wir arbeiteten ja. Ich kann nur sagen, so viele Mails und Nachrichten wie ich mit ihm zur etwaigen Klärungen geschrieben habe, habe ich mit niemandem jemals zuvor und werde ich hoffentlich bestimmt auch nicht mehr schreiben.

Am Abend gab es dann noch ein persönliches klärendes Gespräch. Er rechtfertigte sein Verhalten damit, er habe sich Sorgen gemacht, weil ich so lange gebraucht hatte und die Feuerwehrsirene auch abging. Ich versuchte ihm zu glauben, dass es ein einmaliger Ausrutscher war, was blieb mir auch übrig?. Ich hatte noch nicht mal meine Schlüssel von der alten Wohnung retour gegeben. Ich versuchte es zu vergessen und verankerte in meinem Kopf, NIE NIE mehr mein Handy nicht bei mir zu haben.

Es lief ansonsten gut weiter. Er brachte mir Blumen nach Hause, schrieb weiterhin Hammer-Mails, Nachrichten und ich fühlte mich geliebt. Aufrichtig, obwohl ich mir schwer tat zu vertrauen, vertraute ich ihm. Ich zweifelte nicht an seiner Treue, an seiner Liebe. Die Vereinbarung, ich mache an einem Tag am Wochenende mit dem Kind allein etwas, damit er Zeit für sich hätte und sich langsam auf das Familienleben einstellen konnte, lief auch gut. Auch mein Geburtstagsgeschenk fiel großzügig aus und auch die persönlichen Ideen, die er in unseren Beziehungsalltag einbrachte, gefielen mir. Denn ich war genauso. Ich bin ein detailverliebter Mensch und bereite mich für jeden Anlass und für jede Person, die mir wichtig ist, mit Hirn vor. Ich freue mich, anderen eine Freude zu bereiten, und endlich hatte ich einen Partner, der mir diesbezüglich sehr ähnlich war.

Eines gefiel mir allerdings nicht, sein Hang zum Alkohol. Es wurde immer mehr und mich fing es an zu stören. Täglicher Bierkonsum war für mich ein Grund, ihn darauf anzusprechen und mir ernsthafte Sorgen zu machen. Streitereien waren vorprogrammiert und auch die Auszucker wurden häufiger. Außerdem empfand ich ihn als anstrengend, wenn er trank. Er wurde aggressiv und ungut, oft völlig unbegründet, und ich befand mich oft in einer Lage, in der ich nicht sein wollte. Ich hatte schon Angst etwas falsch zu machen, weil ich nur da war. Ich glaube, er hat gar nicht gemerkt, wie sehr es mich unter Druck setzte. Ich wollte keinen Streit, ich wollte keine Auseinandersetzung und je mehr ich mich bemühte, dass alles reibungslos funktionierte, umso öfter krachte es. Irgendwann suchte ich heimlich das Gespräch mit seinem Vater. Ich wusste mir nicht mehr zu helfen, all meine Bedenken stießen zuhause auf Unverständnis und all meine Sorgen wurden ins Lächerliche gezogen oder mit einem vermeintlichen Einsehen und Versprechen den Konsum zu reduzieren abgetan. Also, letzte Möglichkeit – Vater. Da er seinen Vater nahezu vergöttert, schien mir das als logische Konsequenz. Mein Schwiegervater, eine autoritäre Person, hörte sich die Vorfälle an. Am Schluss saß ich tränenüberströmt in dem Lokal und meinte, wenn es so weitergehen würde, könnte ich nicht mehr. Er versprach mir, mit ihm zu reden. Wie das Gespräch verlief und ob es was gebracht hat, kann sich wahrscheinlich jeder denken. Es wurde kurze Zeit, für eine Woche, besser, aber danach waren wir im gleichen Trott wie immer. Seine Ausraster wurden immer unkontrollierbarer. Er machte mir Eifersuchtsszenen par excellence. Völlig unbegründet. Ich traute mich nicht mal, einen anderen Mann anzusehen. Ich bemühte mich, meine ansonsten offene, herzliche Art zurückzunehmen, denn er verwechselte diese immer mit Flirten.

FAMILIENFEST

Da ich schon ein paar Monate bei ihm wohnte, luden wir meine ganze Familie, Tanten, Onkel, Cousinen, Cousins zu einer Gartenparty ein. Begeisterungswellen löste es keine aus, aber meine Erklärung, er würde sich wöchentliche Besuche mit einem einzigen Tag ersparen, stimmten ihn zumindest etwas versöhnlich. Ich machte Salate, Saucen und er grillte. Im Laufe des Tages trank er ziemlich viel Bier. Er war ein absoluter Mittelpunktmensch.
Je mehr er trank, umso mehr kam diese Eigenschaft zum Vorschein. Betrunken war er wirklich anstrengend, er machte sich lustig über andere, sparte nicht an Eigenlob, kritisierte, wurde aggressiv und unberechenbar. So auch an diesem Tag. Irgendwann völlig betrunken, erzählte er zum hundertsten Mal dieselbe Geschichte, bei der er so toll war. Er beschimpfte mich, da ich seiner Meinung nach zu wenig dankbar war. Wer würde schon für meine ganze Familie grillen? Er vergriff sich im Ton meinem Sohn gegenüber. Diese Tatsachen ließen ihn Minuspunkte bei meiner Familie sammeln.
Spätabends fuhr er mit dem Auto Zigaretten holen und vergriff sich auch im Ton gegenüber meines Cousins. Während er betrunken durch die Gegend fuhr, es maßlos übertrieb mit der Geschwindigkeit, fuhr mein Cousin nach Hause. Gut, dachte ich, bevor die Situation eskalieren würde. Ich hatte nur die Befürchtung, dass ich noch etwas abbekommen würde. So war es dann auch. Aber ich kannte das Spiel ja schon.
In solchen Momenten lobte ich ihn in den Himmel, bedankte mich artig und machte einfach das, was er wollte. Bloß nicht gegen den Strom schwimmen. Diese Überle-

benstaktik funktionierte nur nicht immer. Manchmal fand er trotzdem einen Grund auszuzucken. So auch an diesem Abend, ich hatte mich den ganzen Tag über zu wenig bedankt. Er schrie und flippte aus. Er drohte mir und machte mir Angst. Er drängte mich in eine Ecke und wurde verbal verletzend. Es fielen immer öfter Wörter unter der Gürtellinie: Fette Sau, die man nicht poppen will, dumme Frau, die Fehler ohne Ende in ihrem Leben machte, die er nun ausbaden müsse, waren nur wenige Beispiele seiner Ausdrucksweise.

Am nächsten Tag gab es wieder ein Gespräch. Mit ihm war alles immer extrem. Es war extrem schön und extrem schrecklich. Und das oft innerhalb von einer Minute.

Außerdem war er kritikunfähig und schnell beleidigt. Da reichte oft nur ein harmloses Wort. Wenn ich nach Hause kam, vollbepackt vom Einkaufen, und zuerst die Sachen in der Küche abstellte und ihm erst dann einen Kuss zur Begrüßung gab, hatte ich eine Diskussion. Wenn er staubsaugte, während ich nicht zuhause war, erzählte er es mir zehnmal.

Ein einfaches Danke reichte oft nicht, ich hatte das Gefühl ich müsse für jede Kleinigkeit dankend und knierutschend vor ihm stehen. Das wurde grenzwertig. Wenn ich ihm eine Geschichte, einen Vorfall, zum Beispiel aus der Firma, erzählte, schaffte er es, dass das Gespräch ein paar Minuten später um ihn ging. Rhetorisch war er mir um Welten überlegen. Aber als Autoverkäufer war diese Eigenschaft auch sein Kapital.

Er veränderte sich immer mehr. Die Lobeslieder wurden zu Erniedrigungen und er trank viel zu viel. Für Unternehmungen war er auch nicht mehr bereit. Er zockte lieber. Lang ausgemachte Dinge sagte er kurzfristig ab. Dass ich erneut in einer Beziehung war, in der ich alles allein machen musste, brachte Missmut. Immer wieder träumte ich von meinem Ex und meine Beziehung war mittlerweile auch ähnlich geworden.

Mit dem einzigen Unterschied, die Liebe, die ich damals empfand, empfand ich diesmal nicht. Ich liebte meinen Freund, ich war ihm auch unendlich dankbar, dass er mich in schwierigen Zeiten immer auffing, aber ich liebte nicht so tief.

Damals war ich aber der Meinung, dass ich mich aus Eigenschutz nie wieder so fallen lassen könnte. Ich bemerkte, dass ich mich mit jedem Vorfall immer mehr emotional von ihm löste. Gleichzeitig hatte ich aber wieder eine Familie. Ich wollte unbedingt, dass diese Beziehung funktionierte und wollte nicht neuerlich vor einem Scherbenhaufen stehen. Nicht noch einmal von vorne beginnen und schon gar nicht meinem Kind das ein weiteres Mal antun.

Zu seinem 31. Geburtstag fuhren wir nach Salzburg. Ich lud ihn ein. Ein Wochenende gemeinsam, ohne Kind. Ich dachte mir, das würde uns guttun. Vielleicht hätte ich weniger denken sollen. Es war durchwachsen. Wir waren in einem schicken Hotel untergekommen und wir hatten gute Gespräche. Auf der gegenüberliegenden Straßenseite war gerade ein Feuerwehrfest und wir entschieden spontan, dorthin zu gehen. Da es das ganze Wochenende regnete, hatten wir auch nicht sehr viele Möglichkeiten. Auf dem Fest angekommen, fand ich es sehr lustig. Genau meine Musik. Er war schnell angepisst von den Leuten und wollte sich schon prügeln, weil ihn angeblich jemand mit Blicken provozierte. Nach

zwei Getränken verließen wir das Fest und waren zurück in unserem Zimmer. Er beschimpfte mich als Schlampe und warf mir vor, mich nach einem Mann umgesehen zu haben. Plötzlich schlug er mit der Faust in die Wand. Ich flehte ihn an, sich zu beruhigen. Er wurde immer lauter. Ich befürchtete schon, gleich würde es an der Hotelzimmertür klopfen. Zum Glück blieb uns das erspart. Nach gutem Zureden meinerseits schlief er ein. Am nächsten Tag wollte ich den Kurzurlaub abbrechen. Er überredete mich und es wurde noch ein versöhnlicher Ausklang, allerdings, der Beigeschmack blieb.
Ich erkannte mich selbst nicht wieder. Ich hatte mich verändert. Ich war bei jedem Streit, nicht mehr darauf bedacht meinen Standpunkt zu vertreten, sondern ihn nur zu beruhigen. Mit meinen Ex-Partnern stritt ich auf Augenhöhe. Hier nicht, ich verwendete keine Schimpfwörter und sagte nie Dinge, die ich wirklich dachte. Es war anstrengend für mich jedes gesagte Wort zuerst zig Male zu überdenken. Ich hatte einfach Angst. Diese Angst trieb mich auch dazu, alles zu seiner Zufriedenheit zu erledigen, damit er ja nicht erst in Rage kam. Denn einmal dort angekommen war er nur noch schwer zu bremsen. Er schaffte es, aus einer Mücke einen Elefanten zu machen.

Grillen liebte er, so war es auch, dass ich nicht mehr oft kochen musste. Er grillte mehrmals wöchentlich, egal, ob bei Regen, Schnee, Wind, Hagel – er grillte. Ein Grillmeister war er wirklich. So war es auch, dass sein bester Freund samt Freundin wöchentlich bei uns waren. Es störte mich nicht weiter, ich liebe es, wenn Leben in der Bude ist.

Sie bekamen wohl am besten mit, wie die Stimmung zuhause war und vor allem, wie er war. Oft genug meinte die Freundin, dass sie mich nicht verstehen und sie es nicht aushalten würde. Half mir nur nichts. Ich wusste es bereits, aber mit Kind ist alles leichter gesagt als getan.

Bei einem gemeinsamen Grillabend sprachen wir über unsere Kindheit. Die besten Freunde waren auch aus demselben Bezirk wie wir. So kannten wir natürlich auch gemeinsame Bekannte. Als wir über einen Typen sprachen, der sich in den letzten 20 Jahren einfach nicht verändert hatte, ging er aus heiterem Himmel plötzlich verbal auf mich los. Er warf mir vor, dass ich verheiratet war und meine Vergangenheit eine einzige Belastung sei. Er meinen Fehler des Lebens – mein Kind – nun ausbaden müsse. Ich weiß bis heute nicht, was das Ganze überhaupt mit der Diskussion zu tun hatte, aber neuerlich musste ich mir Anschuldigungen unter der Gürtellinie gefallen lassen.

Als die Freunde weg waren, wurde es noch schlimmer. Er machte mir Angst, er drohte mir, mich zu schlagen. Es war wie jedes Mal, er schrie, beschimpfte mich und schlief irgendwann ein. Wenn er endlich schlief, war ich erleichtert. Allerdings konnte ich nicht gut schlafen, ich befürchtete immer, er würde wieder aufwachen und das Drama würde weitergehen.

Gerade in dieser Zeit dachte ich auch wieder öfter an meine dreieinhalbjährige Beziehung. Ich sah ihn auch immer wieder zufällig. Entweder er fuhr mit dem Auto vor mir auf der Autobahn, er fuhr bei meiner Firma vorbei oder irgendein anderer Zufall erinnerte mich an ihn. Ich träumte auch wieder fast täglich von ihm. Ich dachte schon, ich sei verrückt. Noch immer hatte ich nicht gänzlich abgeschlossen, es waren doch schon zwei Jahre vergangen. Wenn ich ihn sah, fing mein Körper noch immer unkontrollierbar an zu zittern. Es belastete mich. Mein Freund machte es auch nicht besser, denn mindestens einmal die Woche musste ich mir anhören, dass ich so bescheuert war, mit diesem Menschen zusammen gewesen zu sein und ich ja jetzt dankbar sein müsse, so einen grandiosen Mann zu haben. Davor waren es doch alles nur Idioten und mit ihm hätte ich jetzt einen Glücksgriff gemacht. Alle würden gegen ihn blass aussehen. Das stimmte sogar. Schlimmer geht bekanntlich immer.

Ich bat ihn oft tränenüberseht, es zu lassen, meine Vergangenheit ruhen zu lassen. Denn ich konnte sie nicht mehr ändern. Noch dazu führte er mir somit permanent vor Augen, wie mich mein Ex behandelte, wie ich mich behandeln ließ. Immer wieder warf er mir auch vor, dass ich mich vor Jahren gegen ihn entschieden hätte. Aber auch das fand ich lächerlich. Ich konnte auch das nicht ändern.

Ich glaube, die Entscheidung damals gegen ihn hatte ihn sehr belastet. Seine Selbstzweifel fraßen ihn auf, daher auch der Hang zum Alkohol.

Trotzdem buchten wir einen gemeinsamen Urlaub, anfänglich war ich noch voller Vorfreude. Endlich fuhr ein Mann wieder mit uns in den Urlaub – ein Familienurlaub. Obwohl es nicht einfach war, den passenden zu finden. Am liebsten wäre er in ein Hotel 16+ gefahren. Sehr witzig, ein Sommerurlaub ohne Kind kam für mich nicht in Frage. So wurde es eine Woche in Spanien, mit eigenem Pool. Das war seine Bedingung. Dass die Woche somit doppelt so viel kostete wie ein normaler Urlaub, nahm ich in Kauf und das war der Kompromiss.

Je näher diese Auszeit rückte, desto mehr Bammel hatte ich davor. Ich hatte panische Angst, er würde auch in Spanien toben und andere Hotelgäste oder das Personal würden dies mitbekommen.

Im Urlaub angekommen, wurden meine Ängste zum Glück nur teilweise bestätigt. Ihn brachten zwar Kleinigkeiten aus der Ruhe, er schrie mit mir und beschimpfte mich auch, aber es war nicht so schlimm, dass andere Personen einschreiten mussten.

Das Verhältnis zu meinem Sohn wurde auch immer schlechter. Ich hatte das Gefühl, das Kind würde ihn nur noch stören. Am liebsten wäre es ihm gewesen, wenn mein Sohn permanent im Kinderzimmer geblieben wäre. Freunde meines Kindes waren auch nicht erwünscht. Ich merkte zunehmend, dass wir einen hohen Preis für dieses Leben bezahlen mussten. Nämlich ein abgeschottetes Leben. Meine Freunde waren nicht wirklich willkommen und Freunde meines Kindes auch nicht. Unser Zuhause war nicht unser Zuhause.

Immer wieder kam es zu fragwürdigen Vorfällen. Eines Tages kochte er für uns ein Lachsrisotto. Als es meinem Sohn nicht schmeckte, warf er uns beinahe die Teller an den Kopf. Er empfand es als Frechheit, er gab sich Mühe und wir schätzten es nicht. Der Kleine weinte und wollte, vor lauter Angst, trotz Würgeeffekt essen.

An diesem Punkt wusste ich, es muss sich dringend etwas ändern. Ich brauchte einen Plan, denn eines war mir definitiv klar, wenn ich ihn verlassen würde, müsste es schnell gehen.

An solchen Abenden, wo es zu derartigen Streits kam, schlief ich im Zimmer meines Sohnes. Ich fühlte mich einfach sicherer, denn er würde mir nichts tun, wenn der

Kleine im Zimmer war. Hoffte ich zumindest. Blöd war nur, wenn mein Kind nicht zuhause war. Da schlief ich nach Auseinandersetzungen auch im Kinderzimmer, aber war natürlich nicht in Sicherheit. Nach einer neuerlichen Lappalie beschimpfte er mich und drängte mich in eine Ecke. Ich bat ihn weinend und am Boden sitzend ein paar Schritte zurück zu gehen. Ich hatte das Gefühl, je mehr ich Angst hatte, umso näher kam er. Irgendwann ließ er von mir ab und ich legte mich in das Bett meines Sohnes. Weinend lag ich dort und hoffte, er würde mich einfach nur in Ruhe lassen. Tat er nicht. Er kam im fünf-Minuten-Takt ins Zimmer, beschimpfte mich und ging danach wieder ins Wohnzimmer, um einen weiteren Schnaps zu trinken. Er beruhigte sich nicht, so kam es, dass er neuerlich ins Zimmer kam, mich würgte und mir eine klatschte. Es war ganz leicht. Das stimmt, aber es war eine Klatsche. Ich wollte nur noch weg, aber selbst das verwehrte er mir. Ich wusste, dass ich schnell eine gute Idee brauchen würde denn spätestens da war klar, meine Problemzonen waren Bauch-Beine-Po, seine der Kopf.

Ein häufiger Streitgrund war das Thema Kinder. Als wir zusammenkamen, war für mich das Thema eigentlich abgeschlossen. Ich wollte zwar immer ein zweites Kind, aber mit der Beziehung nach meiner Ehe hatte ich mit der Thematik abgeschlossen. Als ich mich auf diese Beziehung einließ, war mir bewusst, dass er gerne ein eigenes Kind hätte. Zu Beginn sprachen wir darüber. Ich versicherte ihm, dass ich durchaus noch bereit wäre, Mutter zu werden und das für ihn auch in Kauf nehmen würde, allerdings zeitnah.

Zeitnah ist ein dehnbarer Begriff, den ich mit zwei bis vier Jahren betitelte. Danach würde ich mich einfach zu alt fühlen. Außerdem wäre da mein Erstgeborener bereits in einem Alter, wo ein Neustart mit Baby für mich nicht mehr in Frage kommen würde. Er konnte damit leben. In der Beziehung selbst konnte er dies aber plötzlich nicht mehr. Er warf mir vor, mit meiner Einstellung ihm etwas zu verbauen. Wir hatten doch bereits ein „Kind" und waren nicht vogelfrei, somit verstand ich das Problem, bald ein zweites Kind zu bekommen, nicht ganz.

Ein großer Streit entbrannte zu der Zeit, als meine beste Freundin ein Kind gebar. Gemeinsam machten wir uns auf dem Weg ins Krankenhaus.

Den Umstand, dass ich ein Baby im Arm hielt und mich in dieses verliebte, machte ihn zu schaffen. Meine Freundin war sich lange mit dem Namen nicht sicher und ich erwähnte im Auto, dass mir das nicht passieren könnte. Ich würde wissen, wie unser Kind heißen würde. Dieser Satz reichte aus, um einen Beziehungsstreit auszulösen und alles in Frage zu stellen.

Ein Fest in seiner Firma bestärkte mein schon länger anhaltendes Gefühl, diese Beziehung schleunigst verlassen zu müssen. Anfänglich war noch alles gut, aber er trank viel zu viel auf dieser Feier. Mit zu viel Alkohol im Blut wurde er wieder unverschämt, auch mir gegenüber. Seine Arbeitskollegen fanden seine Art unangebracht und sprachen dies auch aus. Er ignorierte es.

Ich kannte seinen eigenartigen Humor, wenn er betrunken war, schon und wunderte mich nicht. Fand aber gut, dass es Leute gab, die ihn auf sein Verhalten ansprachen. Endlich bekam ich ihn gegen zwei Uhr morgens ins

Auto. Ich war nüchtern und fuhr. Zuhause angekommen, wollte ich nur schlafen, ich musste früh raus. Er wollte Sex. Ich überhaupt nicht, aber ich ahnte, welche Reaktion ich zu erwarten hätte, wenn ich dies verweigern würde. Kurz versuchte ich trotzdem, drum herum zu kommen, und erklärte ihm, dass es schon sehr spät war. Wochen zuvor hatte ich starke Kopfschmerzen und wenig Lust auf Sex. Da konnte ich mir anhören, dass er ansonsten normalerweise gar keine Frauen wie mich vögeln würde. Da ich keine Lust auf solche eine Diskussion hatte, bemühte ich mich somit an diesem Abend und hoffte es schnell hinter mir zu haben. Als er auf mir lag und mich anrülpste, sagte ich allerdings: „Das verstärkt meine Lust auch nicht gerade."

So schnell konnte ich gar nicht schauen, trat er mich aus dem Bett. Beschimpfte mich als „fette Sau", die froh sein kann, von ihm gefickt zu werden. Er warf mir ein Feuerzeug zwei cm an der Schläfe vorbei und nahm die Dampfbügelstation in die Hand. Er wollte sie mir nachwerfen. Ich saß am Boden im Schlafzimmer, weinte bitterlich und flehte ihn an, sich zu beruhigen. Ich entschuldigte mich, ich schwächte alles ab und bat um Verzeihung.

Ich hatte Angst, er war derart laut, dass ich befürchtete, die Polizei würde gleich vor unserer Tür stehen. Und alles nur, weil ich müde war. Diese Nacht werde ich nie vergessen. Ich fühlte mich so unendlich hilflos. Ausgeliefert. Er war mir körperlich natürlich überlegen.

Am nächsten Tag folgte ein Gespräch. Ich offenbarte ihm erstmals, dass ich nicht mehr kann und mir eine Wohnung suchen würde. Er versuchte, Reue zu zeigen, glaubte aber nicht, dass mir das mit der Wohnung ernst war. Die Situation war angespannt. Ich sagte damals auch das erste Mal, dass ich lieber einen untreuen Mann an meiner Seite hätte als einen Mann, der mir panische Angst bereiten würde.

Er meinte, er würde aufhören zu trinken, ich wusste, es würde nur ein paar Tage anhalten. Zu oft davor hatte er mir dies versprochen. Ich schaute mich heimlich um, eine Wohnung musste her.

DER SHOWDOWN

Es folgte, was folgen musste. Eines Nachmittages sah ich mit meinem Sohn fern. Die Nachbarn, die mir das Leben seit dem Einzug schwer machten, hörten derart laut Musik, dass ich den Fernseher lauter stellte. Er spielte in der Zwischenzeit Computer und hatte ein Headset auf. Die Lautstärke des Fernsehers störte ihn und er unterstellte mir, dass ich ihn provozieren würde. Ich erklärte ihm den Grund und er meinte, ich würde mich immer über alles aufregen.

Das Thema Nachbarn war ohnehin problematisch. Egal, was ich sagte, ich war die Böse, die immer meckern musste. Dazu wäre zu sagen, dass die Nachbarin, die im Ort für ihre Drogenexzesse bekannt war, mehrmals im Ort über mich schlecht redete. Als ich davon hörte, wollte ich die Sache klären. Das Letzte, was ich wollte, war Streit mit den Nachbarn. Ich bin der Meinung, wir sind in einem Alter, wo man direkt nachfragen kann, und ich wollte wissen, wo das Problem lag. Mein Freund allerdings verbot es mir. Es war seine Wohnung und er würde die Sache klären. Klappte super, er sprach mit ihrem Freund, sie betranken sich und schlussendlich war das für nichts. Außer Streit zwischen uns. Ich fand, er war mir gegenüber nicht loyal genug und sich zu betrinken war meiner Meinung nach nicht zielführend.

Öfters gab es auch Konflikte, wegen deren Katzen. Die Katzen zerstörten einerseits unsere Rosen, außerdem jaulten sie in der Nacht stundenlang oder jagten unsere Katze. Dies störte auch andere Nachbarn. Außerdem grüßte mich die Nachbarin nicht, außer er war dabei. Da war sie die freundlichste Person überhaupt. Immer wieder sagte ich es ihm. Er meinte nur, ich würde mir das einbilden. Ich fühlte mich auch dank ihnen nicht sehr wohl, da sie permanent zu laut Musik hörten, davon sprechen wir gleich gar nicht. Ich fühlte mich in dieser Wohnung nie angekommen. Seine Regeln, sein deutlicher Standpunkt, es wäre seine Wohnung und ich nur geduldeter „Mieter", und die Nachbarn waren Gründe dafür. In der Vergangenheit war deshalb auch oft die Rede, sich ein gemeinsames Domizil zu suchen. Ein Haus mit mehr Platz zum Beispiel. Dies setzte ihn allerdings unter Druck. Wahrscheinlich war es nicht Druck, sondern ihm war bewusst, dass er dadurch seine Ass im Ärmel – das Argument, es wäre alles seines – verlieren würde.

Jedenfalls eskalierte die Situation, er schrie, beschimpfte mich und verbot mir, mein Handy anzustecken, denn es sei sein Strom. In der Wohnung, in der ich auch nun fast zehn Monate lebte, in der Wohnung, wo ich Miete beisteuerte, die ich putzte und die eigentlich mein neues Zuhause werden hätte sollen. Ich zog meine Konsequenz, außerdem hatte ich Angst, da er schon wieder getrunken hatte. Ich packte die nötigsten Sachen von meinem Kind und mir und bat meinen Sohn, die Sachen in das Auto zu bringen. Er wollte noch reden, meinen Sohn schickte ich schon zum Wagen. Es war zwecklos, drei Minuten später, als ich ihm erklärte, dass eine getrennte Wohnung vielleicht die letzte Chance wäre und ich mir gewisse Dinge sicher nicht vorschreiben lassen kann – wie Strom – warf er mich aus der Wohnung. Begleitet von den Worten, „entweder du verschwindest schnell oder ich trete dich raus". Hurraaaaaaa, da waren wir also angelangt.

Voller Furcht verließ ich schnell die Wohnung. Ich hatte neuerlich panische Angst. Ich saß im Auto mit meinem Sohn, wollte nur noch weinen, riss mich aber zusammen und wusste nicht mal, wohin! WOHIN SAMSTAG gegen 18:00 Uhr mit Kind?? Meine Eltern hatten eine zu kleine Wohnung, meine beste Freundin gerade ein Baby bekommen, eine andere Freundin war in Wien, meine Arbeitskollegin hob nicht ab und so rief ich meine Stiefschwester an. Ich fuhr zu ihr. Auf dem Weg dorthin rief er mich an und beschimpfte mich erneut. Außerdem teilte er mir mit, dass ich gar nie mehr kommen brauche, weil ich das Letzte sei.

Bei meiner Schwester angekommen, erzählte ich ihr, was passierte war, und sie reagierte blitzschnell. Sie holte die wichtigsten Dinge aus ihrer Wohnung und zog vorübergehend zu ihrem Freund. Sie überließ mir ihre Wohnung. Glück gehabt, ich musste zumindest nicht auf der Straße schlafen. Ich war untergekommen.

Ich war ihr sehr dankbar und diese Not hat uns auf alle Fälle ein Stück zueinander gebracht. Somit hatte die ganze Sache auch etwas Positives. Unser Verhältnis war nicht immer so einfach. Anfänglich war ich nicht so begeistert von der Tatsache, dass sie die Tochter von Mamas neuem Freund war. Ich fand sie unsympathisch, noch dazu war sie ein lauter Mensch, die etwas prollartig rüberkam. So war ich etwas gespalten, aber wie heißt es so schön, Familie kann man sich nicht aussuchen. Zu unserem guten Verhältnis hat auch nicht gerade beigetragen, dass meine Mutter nach nur eineinhalb Jahren Beziehung heiratete und meine neugewonnene Stiefschwester ihre Trauzeugin war. Trauzeuge von meinem Stiefvater war ihr damaliger Freund. Mich hatte es sehr verletzt. Ich verstand meine Mutter nicht und nahm ihr das mehr als übel. Wie konnte sie meine Stiefschwester mir vorziehen? Das war für die Mutter-Tochter-Beziehung ein Bruch. Irgendwann war auch das kein Thema mehr, ich habe verziehen, aber vergessen habe ich es nicht. Die Beziehung zu meiner Mutter veränderte sich mit dem älter werden. Als ich ein Teenager war, war meine Mutter wie eine beste Freundin für mich. In den letzten Jahren kann davon keine Rede sein. Ganz genau weiß ich nicht, woran es liegt. Ich glaube, ich wollte sie nach dem Unfall meines Bruders auch nicht belasten. Ich nehme es so, wie es ist. Wir hören uns oft Wochen nicht, aber am Ende des Tages ist sie meine Mutter.

Die Beziehung zu meiner Stiefschwester wurde jedenfalls durch diesen Umstand vertieft. Wir hatten mehr Kontakt und wir wurden ein Stück weit zu Schwestern.

DER WANDEL?

Ich war somit in ihrer 50m²-Wohnung in der Stadt gelandet und musste meinen bevorstehenden tatsächlichen Umzug in eine neue Wohnung, die ich glücklicherweise schnell fand, planen. Die Wohnung war in der Nähe meiner Arbeit und es war von Beginn an klar, dass es sich hierbei um eine Übergangswohnung handelte. Bei meinem Ex holte ich meine wichtigsten Sachen zusammen mit meiner Mutter. Ich hielt es für keine gute Idee, ohne Begleitung zurückzukehren. Ich schlug ihm sogar vor, gemeinsam mit unseren Eltern zu reden. Er lehnte ab. Der Abend, an dem wir zu ihm fuhren, endete in einem Desaster. Anfänglich wollte meine Mutter noch mit ihm ruhig sprechen. Aber er war dafür nicht erwachsen genug. Nach kürzester Zeit warf er mir alle möglichen Dinge an den Kopf. Ich war eine Egoistin, ich wollte kein Kind, dann wollte ich doch eines, dann wollte ich ein Haus, ich wollte immer mehr und mehr. In seinem Wahn verwechselte er leider die Wahrheit mit seiner Wahrheit. Ich wollte nicht unbedingt ein Kind, aber wenn er eines mit mir wollte, dann nicht erst in ein paar Jahren, sondern in naher Zukunft. Ich wollte auch nicht unbedingt ein Haus, ich wollte nur nicht in dieser Wohnung für immer bleiben. Ein gemeinsamer Umzug wäre eigentlich kein Problem gewesen, denn seine Eltern wären sofort bereit gewesen, seine Wohnung zu übernehmen. Er flippte jedenfalls aus, er beschimpfte mich und wurde hysterisch. Am Schluss beschimpfte er als Draufgabe auch noch meine Mutter. Er weinte und verließ die Wohnung. Wir packten die Sachen in Windeseile zusammen und fuhren in meine neue Unterkunft.

Meinem Sohn machte die Trennung sehr zu schaffen. Er sah meinen Ex-Freund zwar nie als Vater, aber er war eine wichtige männliche Bezugsperson geworden. Im Großen und Ganzen verstand er sich sehr gut mit ihm und mochte ihn. Die Vorfälle nahm mein Kind ihm nicht übel. Kinder sind so einzigartig und sie können verzeihen. Man kann sich viel von ihnen abschauen. Stolz, Ehre spielen bei Kindern nicht so eine große Rolle. Kindern ist es auch egal, wie oft sie verletzt wurden, sie lieben trotz allem bedingungslos.

Mein Sohn weinte sich in den Schlaf und er vermisste ihn. Er vermisste unsere Familie. Dieser Umstand machte es mir ebenfalls nicht leicht und ich fragte mich ernsthaft, ob ich nicht zu früh aufgab. Hätte ich mehr kämpfen müssen? Hatte ich wirklich alles mir Mögliche getan?

Ich machte mir Schuldvorwürfe und nahm mir alle Vorwürfe meines Ex-Freundes zu Herzen. Womöglich war ich wirklich ein schrecklicher Mensch, der ihm das Leben zur Hölle machte und deshalb seine Wutausbrüche provozierte? Im Nachhinein kann ich nur sagen, vielleicht hätte ich nicht so viel denken sollen. Denken ist scheinbar manchmal nicht meine Stärke.

Mein Ex-Freund meldete sich auch immer wieder bei mir. Er weinte täglich ins Telefon, er war verzweifelt. Er bat um Chancen. Er kiffte wieder täglich und trank noch mehr. Er ging sogar zu einem Psychologen. Jeder, der ihn kannte, hätte dies nie gedacht. Er und ein Psychodoc? Jeglicher Vorschlag meinerseits bezüglich einer Paartherapie zerriss er in der Vergangenheit in der Luft. Psychologen wären etwas für Irre – also seiner Meinung nach für mich. Seine Beweggründe für Therapiestunden waren, dass er erkannte, dass er mit Stresssituationen falsch umgehen würde, außerdem hatte er erkannt, dass er Selbstzweifel hatte und Alkohol wohl nicht die Lösung wäre. Ich hatte das Gefühl, er würde alles tun für eine weitere Chance. Ich bekam Mails, Nachrichten und er bemühte sich wirklich um mich, so wie es noch nie jemand tat. Ich hatte Mitleid und genoss auch die Tatsache, dass er um mich kämpfte. Ich flehte ihn an, endlich wieder normal zu sein. Hände weg von Drogen & Alkohol, das war nicht der Weg, mich zurückzubekommen. Er versprach mir, sofort damit aufzuhören. Die Tatsache, dass es uns allen gerade nicht gut ging und wir uns wohl alle in einem Ausnahmezustand befanden, ließ mich einem Treffen zustimmen. Außerdem fehlte er mir auch, ich war einsam.

So kam es auch, dass wir uns zum Minigolf trafen. Es war nach Wochen ein schöner Tag. Gemeinsam mit dem Jungen. So liebevoll und so gelassen hatte ich ihn schon lange nicht mehr gesehen. Der Tag war perfekt. Allerdings hielt ich weiterhin fest an meinem Entschluss einer neuen Wohnung. Wir trafen uns wieder öfter, er erzählte mir von seinen Sitzungen beim Psychologen und komischerweise sagte dieser dieselben Dinge, die ich oft dachte. Er machte ihm klar, dass ich alles aufgegeben hatte für ihn und mehr nicht tun hätte können. Auf einmal sah er es ein. Immer wieder hatte er Zweifel an meiner Liebe und dachte, er wäre nicht gut genug. Allerdings hatte ich für ihn, für keinen anderen Mann zuvor, meine Unabhängigkeit aufgegeben. Was hätte ich noch mehr machen sollen? Ich wollte diese Beziehung, ich wollte mit diesem Mann alt werden. Doch ich war mir unsicher, ob ich das jetzt auch noch wollte. Er bemühte sich weiterhin. Er schickte mir 95 Rosen in die Firma, die folgende Bedeutung hatten: Die Wörter Glaube, Familie, Vertrauen, Anker, Zukunft und Herz (wobei hier nur eine Rose gedacht war) und weitere 60 Rosen, für jede Minute, in der er an seinen Werten festhalten wird, ergaben gesamt diese Anzahl. Ich fand es verrückt, war aber sprachlos. Noch nie hatte ich so viele Rosen bekommen. Ich fand es schade, dass ich dafür erst ausziehen musste, aber war natürlich berührt. Mein Kind, meine Figur, ein eigenes Kind in nächster Zeit, eine andere Wohnsituation – das alles war kein Problem mehr. Er sprach sich sogar mit meiner Mutter aus. Das war auch eine Bedingung, nach dem letzten Aufeinandertreffen der beiden. Ich wusste, dass ein Neustart nur möglich war, wenn die Beziehung zu meiner Mutter wieder annähernd im Lot wäre. Er traf sich mit ihr und meine Mutter war danach wirklich beeindruckt. Dass mir dieses Gespräch noch zum Verhängnis werden sollte, war mir damals nicht im Geringsten bewusst.

Neue WOHNUNG – neues GLÜCK

Mitte November bezog ich meine Wohnung. Er half mir beim Siedeln, allerdings brachte es ihn an seine Grenzen. Ohne Grund wurde er ungut. Im Nachhinein kann ich es verstehen, er war einfach überfordert. Er wollte nicht, dass ich mit einer neuen Wohnung, neu beginnen würde. Außerdem sah er es nicht als gemeinsame Chance für uns, er sah es mehr als Schlussstrich. Für mich gab es aber nur noch diese Möglichkeit. Er ließ sich darauf ein. Was blieb ihm auch übrig, er war nicht mehr in der Position, Forderungen zu stellen, außerdem war ich jetzt wieder unabhängig. Als ich ihm das nach dem einzigen Streit in dieser Zeit klar machte, bemühte er sich erneut. Manchmal bereitete er mir wirklich den Himmel auf Erden, so war es auch, dass er mich mitten im Umzugsstress bat, bei ihm zu schlafen. Ich fuhr zu ihm und mich erwartete eine eingelassene Badewanne, eine Massage, Wein, und entspannende Musik. Ich konnte dem Stress des Umzuges entkommen. Es lief gut, ich konnte mich wirklich nicht beschweren. Ich sah die Veränderung. Ich sah, dass er es wollte und alles dafür tat.

Dieses Hoch nützten wir für einen Wochenendtrip nach Salzburg. Diesmal war das Wochenende ein wirklich Wunderbares. Wir hatten so viel Spaß, wir hatten keinen einzigen Streit und wir waren glücklich. Wir verbrachten schöne, romantische Tage und ich fragte mich, warum dies nicht im letzten Jahr möglich war. Es fühlte sich gut an und ich dachte wirklich an ein Happy End. In dieser Phase gab es auch keinen Streit, er trank wirklich nicht mehr viel und seine Ausraster waren Geschichte. Er war ein perfekter Freund geworden. Unsere Beziehung war so gut wie nie. Doch aus Erfahrung weiß man, nach dem Hoch kommt auch der Fall.

Zwei Wochen nach unserem Trip war seine Weihnachtsfeier. Er schlief bei mir. Er kam in der Früh nach Hause und ich fragte ihn: „Wie war es, Schatz?“ Ich hätte mit vielem gerechnet, nur nicht mit dem was er dann sagte: „Scheiße, du hast mir meine Weihnachtsfeier versaut!“

Ich wusste, nicht was passiert war, wie konnte ich, seelenruhig schlafend seine Weihnachtsfeier versauen? Ich kann ja einiges, aber beamen wäre mir neu. Er erzählte mir, dass er seinen ehemaligen Freund, meinen Ex-Freund traf. Dieser hatte ihn drei Stunden belagert und mit ihm gesprochen. Was bitte konnte ich dafür? Hatte ich mit ihm gesprochen? Wohl kaum. Ich versuchte, in dieser Nacht und auch die nächsten Tage herauszufinden, was gesprochen wurde, denn er war wie ausgewechselt. Der Tag veränderte oder besser gesagt zerstörte einfach alles. Das Weihnachtsfest, zwei Tage später, war bescheiden. Er war nicht mehr der liebevolle Freund, er wurde wieder zum Egoisten und Narzissten. Ich habe mich nach dieser Beziehung übrigens sehr viel über Narzissmus informiert. Ich kann mit Sicherheit behaupten, dass er einer war. Definitiv. Narzisstische Ansätze haben wir alle, das ist auch gut, aber sobald es zu extrem wird, ist es untragbar. Untragbar war es für mich.

Plötzlich stritten wir wieder, unsere Vereinbarung, unter der Woche bei mir zu sein und wochenends bei ihm, war passé. Er wollte es nicht mehr. Er wollte plötzlich nicht mehr bei mir schlafen und mich auch nicht mehr so oft sehen. Einen Tag vor Silvester waren wir unterwegs.

Als dort ein bekannter Volksrockenroller das Lokal betrat, wurde er unrund. Denn er hasste ihn. Warum, ist mir ein Rätsel, aber ich war anscheinend nicht unschuldig an dieser Tatsache. Jahre zuvor hatte ich einmal das Vergnügen, mit besagtem Sänger zu knutschen. Für mich schon verjährt, aber irgendwann, bei einer Familienfeier, kam es zur Sprache und so wusste er dies. Jedenfalls rotierte er in diesem Lokal und die Angst stieg in mir, dass es zu einer Konfrontation kommen könnte. Dass ich auf die Toilette musste und mich der Sänger auf einen Schnaps einlud, beruhigte mich auch keineswegs. Ich lehnte das Anbot dankend ab und ging, ohne ein Wort von der Einladung zu verlieren, zurück zu meinem Freund. Ich hatte Panik und handelte sofort. Ich bat um einen Lokalwechsel. Zum Glück stimmten alle zu. Ich wollte vermeiden, am nächsten Tag in der Zeitung zu stehen. Hätte besagter Promi mich vor ihm angesprochen und eventuell sogar noch einmal das Angebot mit dem Schnaps gemacht, wäre die Situation eskaliert. Zu 1000%. Aber so war ich in Sicherheit.

In der Diskothek, in der wir landeten, entspannte ich mich wieder. Ich tanzte ausgelassen, nicht darüber nachdenkend, zu einem Lied von vorhin getroffenem Star, alleine. So schnell konnte ich nicht schauen, da würgte mich mein Freund mitten in diesem Lokal. Ich verstand nicht warum. Es dauerte bestimmt 15 Minuten, bis ich checkte, worum es ging. Er war eifersüchtig, weil ich zu einem Lied tanzte. Nach gutem Zusprechen seines besten Freundes, der ebenfalls dabei war, beruhigte er sich und ließ von mir ab. Mir reichte es aber, ich wollte nach Hause. Zuhause angekommen, eskalierte die Situation erneut und er schlug ein Loch in meine Wand. Ich konnte es nicht fassen. Schon wieder, diesmal selbst in meiner Wohnung und nur weil ich tanzte. Ich tanzte doch nicht nackt an einer Stange! Oder mit einem anderen Mann. Wo zum Teufel war sein Problem? Ich ging schlafen und weinte mich wieder einmal in den Schlaf. Es hatte sich nichts geändert.

Zu Silvester war die Stimmung angespannt, er entschuldigte sich, aber die Stimmung war dahin. Ich glaubte nicht mehr an seine Besserung. Ich warf ihm neuerlich vor, dass er sich seit dem Treffen mit meinem Ex verändert hatte. Neuerlich zum Negativen. Er stritt es ab. Aber ich spürte es. Irgendwann erfuhr ich nur, dass mein Ex wohl zu ihm gesagt hatte, dass ohne ihn unsere Beziehung nie gescheitert wäre und wir noch immer glücklich wären. Aber das konnte er doch nicht ernsthaft glauben? Er konnte doch nicht einem Spieler glauben?

In das neue Jahr starteten wir gemeinsam, wir saßen die Zeit ab und gingen um ein Uhr nachts schlafen. Genauso hatte ich es mir vorgestellt, mit 70 Jahren! Das war das langweiligste Silvester – ever.

Anfang des Jahres waren wir gemeinsam mit seinen Eltern essen. Sehr schick, essen mit Unterhaltung. Der Abend war eigentlich lustig, wäre nicht seine Lustlosigkeit so offensichtlich gewesen. Außerdem ließ er mich spüren, dass er nicht mehr an uns glaubte. Als ich mit den Eltern über einen Sommerurlaub sprach, meinte er nur, dass wir nicht so weit planen könnten, man weiß nicht, ob ich dann überhaupt noch in der Familie wäre. Das hatte gesessen. Danach war die Stimmung endgültig gekippt. Auch wenn er das vielleicht so empfand, konnte er mich doch nicht vor den Schwiegereltern so vorführen? Doch, konnte er, ich war ja dabei. Nach diesem

Abend gab es neuerlich eine Trennung. Ich ertrug sein Verhalten nicht mehr und ich verstand es nicht. Warum musste er so sein? Wenn er normal war, lief es doch gut! Er machte uns das Leben unnötig schwer. Warum einfach, wenn es kompliziert auch geht?

Die Trennung erwies sich als schwierig, immer wieder hörten wir uns, immer wieder schrieben wir uns Mails. Doch beim Schreiben entstanden oft Missverständnisse, so kam es, dass wir stundenlang Streitgespräche führten per SMS oder Mail. Anstrengend und nicht zielführend.

Meine restlichen Sachen wollte ich auch längst holen, doch irgendwie funktionierte es nicht. Immer wieder kehrte er in alte Muster zurück und beschimpfte mich. Seine Eifersuchtsanwandlungen wurden auch immer ausgeprägter. Er warf mir vor, ich hätte mit seinem Arbeitskollegen eine Affäre. Er drohte mir, er drohte, ihm die Zähne auszuschlagen. Daraufhin meldete ich mich bei seinem Arbeitskollegen. Mir wuchs alles über den Kopf. Der fand es genauso gestört und versprach mit ihm zu sprechen. Ich ließ mir all seine Hirngespinste nicht mehr gefallen. Seine reumütigen Entschuldigungen interessierten mich nicht mehr. Ich blockte ab. Ich fand es einfach komplett daneben. Ständige unbegründete Vorwürfe und diese Drohungen.

Doch eine weitere liebe Mail oder ein weiteres Treffen besänftigte mich. Wenn ich ihn sah, reumütig, traurig wurde ich auch traurig und schwach. Außerdem hatte ich noch Gefühle. Ich wusste, welch wunderbarer Mensch er sein konnte, wenn er wollte. Es ging auch nicht in meinen Kopf, dass er seit dieser Feier so verändert war. Ich vermisste ihn, ich vermisste meinen besten Freund. Bis zur nächsten Eskalation. Mit niemandem war es ein so extremes Spiel zwischen Himmel und Hölle wie mit ihm. So lief dies noch Wochen, bis kurz vor meinem Geburtstag. Zwei Wochen davor war wieder einmal der Kontakt abgebrochen. Es reichte mir wieder mal.

Da bekam ich folgende Mail: *„Schauen wir, ob ich wirklich wegbreche, wenn die Metastasen gestreut haben."*

Zu dem Wegbrechen ist zu sagen, dass ich ihm oft offenbarte, dass ich Angst hätte, dass er, wenn etwas Ernstes wäre, mir wegbrechen würde. Er nicht stark genug wäre, wenn er schon bei minimalen Kleinigkeiten so aus der Bahn geworfen wird und zu Alkohol oder Drogen greifen müsse.

Ich las die Mail in der Firma. Ich war schockiert und rief ihn an. Mein erster Verdacht, es ging um seinen Vater. Doch es ging um ihn. Ich hörte mir an, dass er beim Arzt war und sofort zum Hautarzt musste, der ihm ein Muttermal entfernte. Hautkrebs. Ich weinte in das Telefon und vergaß alle Streitereien der letzten Wochen. Es war klar, dass ich für ihn da war. Ich machte mir Sorgen, ich kannte ihn und wusste, er würde sich schon sterben sehen. An diesem Abend fuhr ich zu ihm. Ich erklärte meinem Kind, dass er uns jetzt brauchen würde und es manchmal Situation gibt, wo man einfach alles vergessen und für den andern da sein muss. Er brauchte mich auch wirklich und, wie ich vermutete, sah er sich schon todkrank sterben. Ich bemühte mich, für ihn da zu sein, und sein blödes Gerede akzeptierte ich nicht. Ich versuchte, ihm Mut zu machen und war davon überzeugt, dass er gesund werden würde. Und falls doch nicht, versprach ich, an seiner Seite zu sein und mit ihm das gemeinsam durchzustehen. Es brachte uns wieder näher.

Wir schliefen bei ihm, ich konnte ihn nicht allein lassen, er war zu aufgebracht. Am nächsten Tag war er im Krankenhaus und danach zwei Tage im Krankenstand. Er schlief viel und ich war in dieser Woche schon sehr verplant. Ich hätte alles umorganisiert, aber er versicherte mir, dass sein Vater da wäre und ich nicht kommen müsse. Auf die genauen Ergebnisse musste er eine Woche warten. Das alles passierte in der Woche vor meinem Geburtstag. Er fragte mich, ob er mich zum Essen einladen dürfte, anlässlich meines Ehrentages. Ich war allerdings schon verplant. An meinem Geburtstagwochenende war ich zum Essen mit meiner Familie und zu einer Erstkommunion eingeladen. Er fand es schade, aber er wollte mich auch nicht begleiten. Ich hatte es ihm angeboten. Direkt an meinem Geburtstag ging ich mit meiner besten Freundin aus. Er wollte unbedingt auf meinen Sohn aufpassen. Ich willigte zögerlich ein und mein Sohn freute sich wahnsinnig. An meinem Tag meldete er sich, um die Abholzeit meines Sohnes nach hinten zu verlegen. Da war ich schon etwas genervt. Als er dann bei mir in der Wohnung stand, hatte ich kein gutes Gefühl mehr. Ich überlegte ernsthaft, ihm meinen Sohn mitzugeben. Er hatte getrunken, wie viel, konnte ich nicht sagen. Aber er versicherte mir, dass es nur ein Bier war. Mein Kind wollte unbedingt mit und ich ließ beide mit Bauchweh ziehen. Als Geschenk bekam ich ein Gedicht. Es war nett, aber auch etwas eigenwillig:

Liebes Geburtstagskind,
32 bist schon mal das ging ja geschwind, die Krise hast aber schon seit langer Zeit, jetzt geht's ans feiern – also besauf dich gescheit.

In Beziehungen bist ja mittlerweile erprobt,
von Freunden hoch gelobt.
Für jeden immer ein offenes Ohr,
außer du wirfst ihm gerade Sachen vor.
Geht es einem mal schlecht bist du trotzdem da,
und das macht dich unersetz- und wunderbar.
Viele Menschen gibt's ja nicht die dir wiedersprechen,
wundert mich nicht- ist ja schwer dich zu unterbrechen.
Ein bisschen mehr Ruhe solltest du dir nun trotzdem geben,
und Arbeit auch mal zur Seite legen.
Die jüngsten Jahre sind schon vorbei,
aber keine Sorge vierzig ist man nicht glei.
Bis dahin wirst noch viele Torten backen,
und auf frechen Leuten herumhacken.
Und eines merke dir über Nerven,
sie sind nicht da, um sie weg zu werfen.
Ein bisschen weniger impulsiv wäre zum Teil nicht schlecht,
denn eines muss man auch hier erwähnen – Du hast nicht immer Recht.
Eine Rüge soll dieses Gedicht aber nicht sein,
ein paar kleine Tipps passen trotzdem rein.
Den perfekten Menschen habe ich noch nicht getroffen,
du bist nah dran – jetzt wird gesoffen.

Ich ging mit meinen Freundinnen aus, war aber zeitnah zuhause. Musste ich doch in der Früh aufstehen. Vor der Erstkommunion holte ich mein Kind bei ihm ab. Ich ging über den Garten und sah plötzlich eine selbst gebastelte Leiter für die Katzen der Nachbarin. In diesem Moment fühlte ich mich hintergangen. Wir hatten bezüglich der Katzen immer Streit mit der Nachbarin und plötzlich machte er offenbar selbst eine Leiter? Ich empfand es nicht loyal mir gegenüber und ging in die Wohnung. Ich sagte: „Na bitte, da bin ich weg und schon bastelst du eine Leiter für die Katzen." Dieser Satz reichte aus, um hochkantig aus der Wohnung zu fliegen. Was danach geschah, sprengte eigentlich alles, was bis dahin passiert war. Er schrieb mir eine Mail, die ich aber nicht las. Es war Wochenende und da sah ich nie in meinen Mail Account. Dass es keinerlei Reaktion von mir gab, provozierte ihn. Wutentbrannt rief er mich an, permanent. Ich war allerdings zuerst auf der Erstkommunion, danach beim Essen und schlussendlich in der Innenstadt bei einer Veranstaltung mit vielen, vielen Menschen und verstand kein Wort. Er schrieb mir bitterböse Nachrichten, in denen er mich wie immer beschimpfte. Schon wieder hatte er getrunken. Nach den ersten SMS verging mir die Lust, mit ihm zu sprechen. Er sprach auf meine Mobilbox, er drohte mir, er warf mir vor, eine Heuchlerin zu sein, eine Schlampe, das Letzte vom Letzten. Ich war alles, aber kein Mensch mehr. Er sagte, ich würde irgendwann im LSF wie meine Mutter enden, er warf mir vor, nie für meinen Bruder da gewesen zu sein, den hätte ich so wie ihn auch fallen lassen. Seine Anschuldigungen trafen mich. Er benutzte all sein Wissen über mich gegen mich. Die Details, die ihm meine Mutter bei der Aussprache vor Monaten erzählt hatte, klatschte er mir nun an den Kopf. Das war letztklassig. Ich hob nicht mehr ab. Er drohte mir, meinen neuen Freund, den es nur in seiner Fantasie gab, zu verprügeln, mich zu verprügeln. Erstmals seitdem ich in meiner Wohnung wohnte, hatte ich Angst. Panische Angst, dass er seine Drohung wahr machen und vor meiner Tür stehen würde. In dieser Nacht machte ich kein Auge zu. Am nächsten Tag bat ich ihn um eine Erklärung. Ich war der Meinung, nüchtern könnten wir uns aussprechen. Leider war das ein Irrglaube. Er sah überhaupt nicht ein, dass er vielleicht am Vortag neben der Spur war. Der Kontakt brach ab. Diesmal ging er endgültig zu weit.

Neustart

Ich war froh, dass es vorbei war. Er war offenbar ein Mensch, der dringend Hilfe brauchte. Seine Vorwürfe prallten an mir ab. Ich fühlte mich, als wäre ein großer Stein von meinen Schultern gefallen. Ich kümmerte mich wieder vermehrt um mein Leben, meine Freunde und meinen Sohn. Ich ließ diese Beziehung hinter mir und konzentrierte mich nur auf uns. In dieser Phase machte ich viel Sport, viele Unternehmungen und fühlte mich nach Monaten wieder frei. Ich genoss es. Ich genoss es, nicht aufpassen zu müssen, was ich sagte, keine Streitereien, keine Belehrungen über meine Erziehung. Ich war vermehrt mit Freundinnen unterwegs und wieder aktiver. Traurig war ich in dieser Phase überhaupt nicht, ich war nur wahnsinnig erleichtert, endlich den Absprung geschafft zu haben. Es fühlte sich alles leichter an und mir wurde erst richtig klar, welch Energiefresser er gewesen war. Er war gegen Ende wie eine Wolke. Als er verschwand, war es wieder ein schöner Tag. Ich blühte richtig auf.

Meine gute Stimmung übertrug sich auch auf das Kind. Er nahm die Trennung vorbildlich hin und weinte auch nicht mehr. Hin und wieder wurde er wehmütig, aber kein Vergleich zur ersten Trennung.

Unerwartet bekam ich auch zwei tolle Jobangebote. Ich war überhaupt nicht auf der Suche, aber ich hörte sie mir an. Nach so vielen Jahren kann man doch auch einmal darüber nachdenken. Aber ich scheue Veränderungen und meine Arbeit ist wie mein zweites Zuhause geworden. Außerdem geht mir nichts ab. Auch wenn ich hin und wieder denke, ich bin im Irrenhaus gelandet, und man an „Deppen-Freitagen“ Menschen zu hassen beginnt, bin ich gern in der Arbeit. Ich verdiene gut, habe super Arbeitszeiten, ich mag meine Arbeit, ich liebe meine Kunden und ich liebe meine Kollegen.

Herumirrend ohne einen Anker, Abend und Nächte allein verbringend, war mir das alles wohl nach Wochen aber doch zu langweilig geworden. Ein Beziehungsleben fehlte mir. So zog ich automatisch Menschen an, die ebenfalls allein waren. Es ergab sich kurzerhand ein Gespräch in der Firma mit einem Kollegen, meiner geplanten Urlaubsbegleitung zwei Jahre zuvor. Wir vereinbarten, gemeinsam laufen zu gehen. Ich, die Sportskanone seit Anfang des Jahres schlecht hin, war sofort hellauf begeistert. Sechs Mal die Woche strampelte ich mich seit meiner Rauchentwöhnung im Jänner entweder im Fitnessstudio ab oder drehte meine Laufrunden in der Umgebung. Stolze 14 Kilo hatte ich zugenommen, trotz eiserner Disziplin. Geholfen hatte diese bis dahin rein gar nichts, ich sah noch immer wie ein gestrandeter Wal aus. Meine Oberschenkel wuchsen, mein Gewicht erhöhte sich und mir passten durch die neu entdeckten Muskeln kaum mehr Hosen. Ich versuchte, meine schleichend kommende Demotivation mit einem Laufpartner zu übergehen. Wie erwartet, blieb es nicht lange nur beim Sport. Doch die anfängliche Euphorie seinerseits wurde zu einem unerbittlichen Kampf meinerseits. Er war ein viel beschäftigter Mann und ich hatte trotz augenscheinlichen Anzeichen privat das Gefühl, er mache einen Rückzieher. Ich wollte doch nicht heiraten! Anscheinend vermittelte ich das aber. Nach etlichen Versuchen einer Erklärung kam es zu einer Laufaussprache.

Wir machten Sport gemeinsam und klärten den aktuellen Stand der Dinge.

Ab diesem Zeitpunkt kam zu meinem Grundsatz – fang nie mehr was an einem Sonntag an – da sind nämlich alle noch meistens schwer betrunken und sexuell erregt von der Feiernacht davor – ein weitere Grundsatz hinzu: Fang nie mehr was mit Kunden und Kollegen an. Die Sache war aber schnell bereinigt und wir vereinbarten jeglichen Privatkontakt gänzlich zu unterlassen. Funktioniert seither gut.

MITBEWOHNER

Im Juli widmete ich mich vermehrt wieder einem meiner Hobbys. Ich habe sehr viele und bin ein interessierter Mensch. Ich nehme mir vor, jedes Jahr etwas Neues zu lernen. Viele Dinge habe ich schon ausprobiert, um meine Freizeit zu gestalten: Torten backen, basteln, nähen, Keyboard spielen, all diese Dinge habe ich schon in Angriff genommen. Auch beruflich habe ich in den letzten Jahren immer wieder Nebenjobs ergattert. Von Tupperware über kellnern bis hin zum Babysitten war schon alles dabei.

Zu diesem Zeitpunkt hatte ich mich wieder meiner Leidenschaft, dem Torten backen, gewidmet. So war es auch, dass ich die Geburtstagstorte für den Sohn einer ehemaligen Arbeitskollegin machte. Früher waren wir wirklich gute Freundinnen und verbrachten nicht nur acht Stunden Arbeitszeit miteinander, sondern auch viel Freizeit. Diese Freundschaft wurde aber mit ihrer Kündigung und ihrem veränderten Lebenswandel eingeschläfert. Wir hörten uns seither nur sporadisch und hauptsächlich wegen Versicherungsangelegenheiten.

Aber dieses Jahr fragte sie mich, ob ich die Torte für ihren Sohn zaubern könnte. Na klar, ich liebe Kindergeburtstagstorten und Zeit hatte ich auch.

Am Tag des Geburtstages brachte ich ihr die Torte. Wir saßen zusammen und sprachen in Kurzfassung über die letzten Ereignisse. Der Vater ihrer Kinder war auch dort und ich wurde auf den neuesten Stand gebracht. Die Trennung war schon vollzogen, aber noch eine gemeinsame Wohnung vorhanden. Nicht weiter darüber nachgedacht, spazierte ich nach Hause und wir vereinbarten, uns wieder mal zu hören.

Eine Woche später war ich auf dem Weg zu einem See, um meinen Sohn vom Ferienlager abzuholen, als ich plötzlich eine Nachricht auf Facebook erhielt.

Der Ex-Freund meiner ehemaligen Arbeitskollegin, den ich erst letzte Woche gesehen hatte. Er bat mich, seine Sachen bei mir zu lagern, denn er wäre nach einem Streit auf die Straße gesetzt worden. Man muss hier erwähnen, dass er gebürtiger Deutscher ist und durch ständigen Arbeitswechsel und Rückkehr in die Heimat hier wenig bis gar keinen Anschluss gefunden hatte. So fiel ihm wohl nur ich ein und die Tatsache, dass ich erst vor ein paar Tagen gemeinsam mit ihnen im Garten saß, trug wahrscheinlich dazu bei. Hätte ich diese Torte nicht gemacht und wäre somit nicht präsent gewesen, hätte er sich bei mir bestimmt nicht gemeldet. Ich habe ihn zu diesem Zeitpunkt vielleicht insgesamt fünf Mal in meinem Leben gesehen. Von Freundschaft oder guten Bekannten war also keine Rede.

Ich vereinbarte mit ihm, dass wir uns abends sehen würden und es natürlich in Ordnung gehen würde. Wieder retour, trafen wir uns und ich nahm ihn in meine Wohnung mit. Er erklärte mir, was passiert war. Großes Drama und ein paar Stunden später fragte ich ihn, wo er denn schlafen würde. Seine Antwort war nicht sehr befriedigend. Auf der Straße, in der Kirche oder sonst wo, denn alle Notunterkünfte seien voll.

Meine Gutmütigkeit, mein Mitgefühl und mein Wesen konnten es nicht übers Herz bringen, ihn auf die Straße zu setzen, noch dazu hatte er keinerlei finanzielle Mittel und gerade erst einen Job angenommen. Mir war bewusst, dass er den Job ohne Schlafplatz zu einer hohen Wahrscheinlichkeit wieder verlieren würde und er nicht so leicht aus diesem Teufelskreis entkommen könne. Ich bot ihm an, bei uns zu bleiben unter gewissen Voraussetzungen: 1. Keine Drogen, 2. Keine Ausraster, 3. Er bemühe sich bald eine Wohnung zu finden 4. Er nimmt mein Schlafzimmer, damit er einen Rückzugsort hat und vor allem, weil er arbeitstechnisch früh aufstehen musste und ich dann auch nicht eingeschränkt war.

Er willigte ein und ich lebte somit schneller, als ich wollte, wieder mit einem Mann unter einem Dach. Hätte mir am Tag davor jemand gesagt, dass ich schon bald meine Wohnung teilen würde, ich hätte es nicht geglaubt. Ich machte Platz in meinem Kasten und zog auf die Couch. In den nächsten Tagen verbrachten wir sehr viel Zeit und sehr viele Abende mit Gin & tiefsinnigen Gesprächen. Ich lernte den Menschen dahinter kennen. Seine Geschichte.

Ich finde es spannend, eine Person gut kennenzulernen. Wenn man genau zuhört und sich eine andere Person dir öffnet, kann man das Handeln besser verstehen und nachvollziehen. In dieser WG-Zeit habe ich wahnsinnig viel über mich selbst erfahren und verstanden. Ich habe über viele Dinge nachgedacht und mir ging öfter ein Licht auf, manchmal war es nicht nur ein Licht, sondern schon viel mehr als das, der ganze Mond trifft es eher. So viele Aha-Erlebnisse in kürzester Zeit hatte ich überhaupt noch nie. Durch diese Gespräche habe ich angefangen, an mir zu arbeiten, und ich fühlte mich nicht einsam.

Lustiger- und auch erschreckenderweise verkörperte er all meine Ex-Freunde in einer Person. Er hatte was von jedem. Manchmal brachte mich das an meine Grenzen und umgekehrt genauso. Denn ich spiegelte oft die andere Seite seiner gescheiterten Beziehung wider und da zwischen uns sexuell oder gefühlstechnisch absolut nichts lief, war es einfacher, den anderen zu verstehen. Es war auf einer weniger emotionalen Schiene. Wir gaben uns in dieser Zeit sehr viel Kraft und wir lernten sehr viel über uns selbst. Manchmal war das so erschreckend, dass wir beide Gänsehaut hatten.

Ich änderte meine Sichtweise, vor allem zu meiner letzten erst gescheiterten Beziehung. Ich hatte zu diesem Zeitpunkt abgeschlossen, allerdings aus den falschen Gründen, denn ich hatte abgeschlossen mit dem tiefen Glauben, er hätte mich nicht geliebt, sei ein aggressiver, versoffener Volldepp. Ich war auch der Meinung ich hätte keinen Fehler gemacht. Es war schon immer leichter, die Schuld auf eine andere Person abzuwälzen, als seine eigenen Taten zu hinterfragen.

Heute sehe ich die Lage anders. Ich glaube, dass er mich sehr wohl geliebt hat, vielleicht sogar wie nie jemand zuvor. Ich konnte es aber einfach nicht glauben, nicht verinnerlichen, ich zweifelte. Ich hatte oft sein Verhalten provoziert und ihm es nicht einfach gemacht. Ich wusste, dass ich auch Schuld war an der Trennung, auch wenn ich alles versucht und gegeben hatte, ich ging in vielen Momenten durch die Angst, erneut verletzt zu werden, völlig falsch vor und habe seine Selbstzweifel noch weiter verstärkt. Es soll auf keinen Fall seine geisteskranken Ausraster rechtfertigen. Die waren daneben und unnötig, doch er hatte einfach keine Nerven. Aber das war auch meine Schuld, ich hätte ihm schon am Anfang sagen müssen, dass ich nichts für schwache Nerven sei.

Mit dieser Einsicht war die Trennung wieder präsent und ich hatte immer mehr das Gefühl, dieses Ende hat unsere Liebe so nicht verdient. Aber ich wurde aus seinem Leben verbannt. Nach einer Auseinandersetzung mit meinem Mitbewohner, wo ich ein schlechtes Gewissen bekam, schrieb ich diesem einen Brief. Ich hatte bemerkt, dass ich mit meiner reschen Art oft verletzend bin, ich das aber nicht möchte.

Er war ein Katastrophen–Charlie, ja, aber ich wollte ihm mit meiner Art nicht aufzeigen, welch ein Versager er ist. Eigentlich wollte ich ihn bestärken, dass er endlich sein Leben in die Hand nehmen müsse und dann würde sich das Blatt wenden. Er fühlte sich aber angegriffen und gekränkt. Nachdem er in seiner Verzweiflung sich nicht besser zu helfen wusste und mich anschrie war mir das erste Mal richtig bewusst, was in meiner Beziehung ebenfalls falsch lief. Da war es nämlich genauso, nur hatte ich nicht erkannt, dass mein Exfreund gewisse Dinge als Vorwurf auffasste und sich derart ins Eck gedrängt fühlte, dass seine Ausraster die Antwort darauf waren. Weil er sich eben nicht anders zu helfen wusste.

Also schrieb ich meinem Mitbewohner einen Brief, es war schon spät und ein Gespräch führte zu nichts mehr. Ich erklärte ihm, dass es mir leidtue und ich ihn nicht unterbuttern wollte. Zu meiner gescheiterten Beziehung hatte ich folgende Gedanken:

Wenn schon ein Ende, doch bitteschön wenigstens eines mit Niveau und Stil. Ich verfasste einen siebenseitigen Brief – um drei Uhr nachts. Den Brief schickte ich am nächsten Tag mit der Post los. Ich wollte eine Aussprache. Ein Treffen. Wie zwei Erwachsene, ich bin ein Mensch, der immer mit allen im Reinen sein möchte.

Er antwortete per Mail, allerdings sehr reserviert, distanziert und gefühlskalt. Ich kannte ihn so nicht. Überhaupt nicht. Es traf mich wie ein Schlag ins Gesicht. Eine Aussprache wollte er nicht, für ihn war alles geklärt und unsere Beziehung abgeschlossen. Alles klar, dachte ich. Wochen später derart abgeschlossen zu haben, konnte ich nicht verstehen. Nicht nachdem, was geschehen war. Ich schrieb noch zwei weitere Mails mir von der Seele und beließ es dabei. Allerdings kamen all die Demütigungen in dieser Beziehung hoch und ich ging zu einem Psychologen.

Ich kann nur sagen, wenn man seine Geschichte in Kurzfassung erzählt und der Psychologe danach zu einem sagt, „das ist alles starker Tobak, was Sie da erlebt haben und bewundernswert, wie Sie noch immer mit so viel Lebenslust hier sitzen können“, weiß man nicht, ob man hier richtig oder falsch ist. Ich beschloss für mich, keine weiteren Sitzungen mehr zu besuchen. Ich versuchte das Vergangene selbst zu verarbeiten.

Was fehlte mir in dieser Zeit sonst noch? Richtig, mein Ex-Mann. Es fiel ihm wieder ein, dass er doch gerne Kontakt zu seinem Kind hätte. Eineinhalb Jahre waren seit dem letzten Gespräch vergangen und ich gab mir einen Ruck. Was blieb mir auch übrig? Mein Kind wurde immer älter und im Innersten hoffte ich noch immer, dass es wie in 100.000 anderen Familien auch funktionieren könnte. Nach kürzester Zeit empfand ich neuerliche Abneigung. Ich versteh mich selbst nicht, wie ich diesen Menschen jemals lieben konnte.

Wäre er der einzige Mann auf dem Planeten, würde ich auf den Mars fliegen. Ich einigte mich mit ihm, dass ich einen regelmäßigen Kontakt dulden würde. So ist es auch heute noch. Mittlerweile akzeptiere ich den Kontakt, aber mit bestimmten Regeln. Wöchentliche Telefonate und monatliche Treffen. Das ist genug. Immer wieder gibt es neuerliche „Kopfgreifer-Geschichten", aber ich habe verstanden, dass sich dieser Mensch nie mehr ändern wird und am Ende des Tages kann ich mein Kind nicht dauerhaft schützen. Irgendwann wird er wohl selbst erkennen müssen, wie und wer sein Vater ist, auch wenn das ein schmerzhaftes Erkennen sein wird.

Anfang September fand mein Mitbewohner nach sechs Wochen eine Unterkunft. Ich war froh und erleichtert. Ich merkte einfach, dass der Zeitpunkt gekommen war, wo er nun gehen musste. Er hatte einfach zu viele Probleme, mit der Ex-Freundin, mit deren Freund, der Drogendealer war, und ich wollte mit dieser Sache absolut nichts zu tun haben. Mir wurde die Sache zu heiß. Ich hatte Angst, irgendwann würde ein Drogenboss vor meiner Tür stehen und meinen Mitbewohner suchen. Drogen sind ein absolut rotes Tuch für mich und da gibt es auch kein Verständnis meinerseits. Bestimmend, aber freundlich machte ich ihm klar, dass er bitte so schnell wie möglich in diese Wohnung umziehen solle. Schon ein paar Tage vor dem offiziellen Einzug.

Mein Gefühl sagte mir, ich muss ihn loswerden. Ich half ihm beim Siedeln, ich kaufte ihm noch eine Decke, einen Polster und eine Matratze als Einzugsgeschenk und machte ihm den Anfang somit ein wenig leichter. Finanziell sah es ja noch immer nicht rosig aus. Alimente, Miete, Kaution standen an. Eine Freundin von mir schimpfte mit mir, weil ich ihn derartig unterstützte. Meine Antwort: Alles kommt im Leben zurück! Und bist du gut zu Menschen, sind sie es auch zu dir.

Die Zeit der Verabschiedung war also gekommen. Wir waren anfänglich noch etwas im Kontakt, mittlerweile hatte sich dieser aber verlaufen. Ich habe aber gehört, dass er sich erholt hat, eine Freundin hat und es ihm gut geht.

UNIVERSUM

Es war ungewohnt, wieder nur mit meinem Sohn zu wohnen. Ich hatte wieder viel Zeit. Mein Mitbewohner sprach in unserer gemeinsamen WG oft über das Universum. Ja, das Universum, na klar hatte ich schon mal davon gehört. Auseinandergesetzt hatte ich mich damit aber bis dahin nicht wirklich, außer es zählen etliche Stunden bei Kartenlegerinnen, Familienaufstellungen, Energiearbeit, Psychologen und Schamanen. Ja, all das hatte ich schon hinter mir in den letzten Jahren, wenn ich wieder mal einen Tiefpunkt erreicht hatte. Geholfen hat alles begrenzt.

All dies zeigte aber, dass ich zumindest offen bin für Esoterik, offen für Dinge, die man nicht sehen kann, die man vielleicht auch nicht verstehen kann. Für spirituelle Sachen konnte ich mich begeistern. Das Universum hörte sich interessant an. Das war der Grund, warum ich mich bewusst damit beschäftigte. Außerdem konnte ich der Theorie, ich hätte einfach immer Pech mit Männern, nichts mehr abgewinnen. Ich wollte endlich wissen, warum ich permanent den gleichen Typ Mann anziehen würde. Ich googelte bis zur Erschöpfung und stieß auf mehrere Bücher, die ich kaufte und innerhalb von ein paar Stunden auslas. Ich saugte das Geschriebene auf wie ein Schwamm. Ich stieß auf das Wünschen beim Universum. Ich konnte es mir anfangs nicht vorstellen, aber ich dachte mir, was kann ich schon verlieren. Nach dem Motto: Wenn es nix hilft, schadet‘s a nix. Das erste Mal bewusst gewünscht habe ich, als ich auf ein Konzert mit 40.000 Leuten fuhr. Überall im Radio wurde Stau angesagt und ich dachte mir, guter Plan, es auszuprobieren. Ich wünschte mir, gut voran zu kommen, gleich einen Parkplatz zu finden und schnell am Konzert zu sein. Ich fuhr also Richtung Schladming und war glaub ich keine fünf Minuten im Stau, obwohl es überall im Radio Stauwarnungen gab. Angekommen bei den Parkplätzen hatte ich sofort einen und saß ein paar Minuten später schon im Shuttlebus auf dem Weg zum Konzertgelände. Das war ja wirklich einfach, dachte ich. Doch so wirklich überzeugt war ich noch immer nicht. Also ging schon der nächste Wunsch ans Universum. Die Heimfahrt! Was glaubt ihr? Ja, die Heimfahrt war genauso unproblematisch. Ich konnte es nicht recht glauben, bedankte mich artig beim Universum und kam in Bestelllaune.

Seither bestelle ich mir immer einen Parkplatz und was soll ich sagen, ich habe IMMER einen Parkplatz. In meinem Bestellwahn angelangt, bestellte ich wie eine Verrückte. Einmal einen netten Nachmittag mit einem Mann, ohne sexuelle Hintergedanken, einmal eine perfekt gemachte Torte, einmal einen lustigen Abend, ein Firmenauto und, und, und – und es funktioniert. Ich kann euch nur empfehlen, probiert es aus, allerdings ist Vorsicht geboten. Man muss sich gut überlegen, wie man seine Wünsche formuliert, denn ein falsch ausgesprochener Wunsch kann auch nach hinten losgehen.

Seitdem habe ich mich verändert, meine Lebensfreude, mein Wesen hat sich positiv verändert und ganz spannend, auch meine Mitmenschen haben sich verändert. Ich bedanke mich viel bewusster, so habe ich angefangen dem Postler mit folgenden Worten zu danken: „Danke lieber Postmann für diese wunderbare Lieferung heute.“

Bei den ersten beiden Paketen dachte er bestimmt, ich hätte Drogen genommen, mittlerweile grinst er schon, wenn er gegenüber auf der anderen Straßenseite ist und uns ein Paket bringt. Das Urvertrauen, dass alles gut werden wird und nichts Schlechtes für mich vorgesehen ist, alles nur Lernaufgaben sind, ist vorhanden und macht das Leben leichter. Ich kaufte mir dann auch noch das Buch The Secret und sah den Film. Kann ich nur empfehlen.

Ich bemühte mich ab sofort, dankbarer zu sein für das, was ich hatte und habe. Ich habe kaum negative Gedanken mehr, ich bemühe mich, noch bewusster alles mit einem Lächeln zu nehmen. Deine Gedanken spiegeln dein Leben wider. Klassischer Fall von Anziehungskraft.

Die Anziehungskraft ist sowieso ein Phänomen. Seit meiner geänderten Denkweise und der damit verbundene Veränderung waren viele spannende Dinge passiert.

Ich habe eine Freundin, die Mutter einer Schulkollegin meines Kindes. Die Freundschaft war erst seit knapp zwei Jahren ins Rollen gekommen. Im letzten Jahr intensivierte sich diese Freundschaft. Seit ich wieder in der Stadt wohnte, hatten wir beinahe täglichen Kontakt. Sie ist ein Mensch, der sehr negativ eingestellt ist, und sie musste einige Schicksalsschläge verdauen. Sie geht oft vom Schlechtesten aus. Ich habe immer versucht, sie aufzubauen, ihr die schlechten Gedanken zu nehmen und habe mir den Mund fusselig geredet. Ich habe ihr immer positiv zugeredet, aber es kostete mir enorm viel Energie. Seit ich an mir gearbeitet habe und mein Vertrauen auf das Universum projiziert habe, ist der Kontakt eingeschlafen. Nicht weil wir gestritten haben oder weil ich es bewusst wollte, sondern einfach, weil mich solch negative Menschen nicht mehr anziehen und es einfach in diesem Ausmaß nicht mehr in mein Leben passt. Wir hören uns heute nur noch kaum. Weder sie noch ich haben das Bedürfnis, vom anderen zu hören.

Ich glaube mittlerweile aus tiefster Überzeugung an die Anziehungskraft und ich glaube daran, dass nichts, aber schon gar nichts reiner Zufall ist. Wir sind einfach oft nur zu beschäftigt und auf unsere selbst gezüchteten Probleme fokussiert, dass wir vieles gar nicht sehen wollen oder können. Absolut jede Person in unserem Leben ist nur in unserem Leben, weil wir sie angezogen haben, wir sie brauchen oder etwas lernen müssen. Ich würde sogar so weit gehen, dass ich behaupte, dass jede Begegnung, jedes Erlebnis absolut kein Zufall ist. Außerdem ist alles, was wir sind, ein Resultat dessen, was wir gedacht haben. Auch alles was passiert, ist das Resultat. Somit war klar, dass auch die letzte Beziehung in die Brüche ging, denn ich habe im Innersten immer geglaubt, dass sie nicht funktionieren würde und zweifelte daran. Noch schlimmer, ich zweifelte an mir selbst. Ich war innerlich der Meinung, nicht liebenswert zu sein und es nicht verdient zu haben, den besten Mann auf dieser Welt zu bekommen. Ziemlich doof im Nachhinein. Aber es ist ja nicht zu spät. Man kann jeden verdammten Tag seine Einstellung ändern und es besser machen.

Als ich das alles anfing zu verinnerlichen, sind noch weitere interessante Dinge passiert. Ich war mit einer Freundin verabredet in einer Bar. Meine Arbeitskollegin war mit alten Schulkollegen ebenfalls im gleichen Lokal. Da wir gemeinsam in die Schule gingen, kannte ich alle. Kurzerhand setzte ich mich zu der Runde, da ich alle schon ewig nicht gesehen hatte. Wir führten oberflächlichen Smalltalk und tauschten uns aus. Eine alte Schulkollegin fragte mich dann: „Wie war das letzte Klassentreffen und wie lange warst du noch schnell mit unserem ehemaligen Schulkollegen zusammen?“

Wie aus der Pistole geschossen antworte ich mit einem Lächeln: „Zu lange, 2012 bis 2015.“

Eine andere Bekannte am Tisch, die ich schon seit 15 Jahren kannte, verschluckte sich und sagte plötzlich: „Ok, ich muss dir was sagen.“

Ich war gespannt wie ein Regenschirm, was jetzt wieder für eine Geschichte kommen würde. Ich vermutete schon, dass es eine mega Story wäre, aber was danach kam, hätte ich mir nicht erträumen lassen. Sie fing an: „Es tut mir leid, aber dein Ex und ich hatten von 2011 bis 2014 permanent etwas am Laufen. Wir haben uns fast jedes Wochenende beim Fortgehen getroffen und er fuhr oft mit mir heim. Früh morgens nach einer netten Nacht verließ er die Wohnung und machte sich auf den Heimweg.“ Sie erzählte weiter, dass sie 2014 ihren heutigen Ehemann kennenlernte und das Verhältnis beendete. Daraufhin rastete er beinahe aus und machte ihr Vorwürfe, dass sie das nicht machen könne. Sie beteuerte, dass sie nicht wusste, dass wir zusammen waren, und entschuldigte sich. Gratuliere, dachte ich mir. Das war ja mal wieder eine Ohrfeige, eigentlich ein Knock-out.

An diesem Abend brauchte ich viele Gin-Tonics. Meine ganze Beziehung war über drei Jahre eine reine Lüge. Was hatte sich dieser Mensch nur gedacht? Dass er mich betrogen hatte, war ja schon klar, aber all die Jahre mir was vorzumachen und eine Affäre war dann doch noch mal was anders. Ich musste wirklich schlucken. Dass er mich jahrelang zu dick fand und sich über mein Gewicht beschwerte, war nur noch lächerlich. Denn diese Frau wog schon immer 15 bis 20 Kilo mehr als ich. Ich war fassungslos. Aber spätestens hier schloss ich für immer mit diesem Menschen ab. NIE mehr träumte ich von ihm, nie mehr tat mir irgendetwas leid, nie mehr hatte ich das Bedürfnis, mit ihm zu sprechen oder etwas zu klären. Das einzige Bedürfnis, was ich noch hatte, war, ihm einen Aschenbecher in sein Gesicht zu werfen, allerdings legte sich das am nächsten Tag auch und heute ist er mir gänzlich egal. Die Scheuklappen fielen von den Augen und mir war endlich klar, dass ich jemanden geliebt hatte, den ich mir schöngeredet hatte. Er war widerlich und ich unfassbar dankbar, nicht mehr so einen Menschen an meiner Seite zu haben. Dass ich ihn ein paar Wochen zuvor zufällig nach zwei Jahren sah und mich damals aussprechen wollte, allerdings seine Freundin dagegen war, ich daraufhin es dabei belassen hatte, machte jetzt Sinn. Da ich diese Frau ja seit Jahren kannte und er es auch wusste, war er auch permanent der Gefahr ausgesetzt. Doch auch das schreckte ihn nicht ab. Aber wie es das Leben wollte, musste ich zuerst an mir arbeiten, um diese Erkenntnis zu erlangen. Meine vermeintlich große Liebe war nur ein großer Blender. Und lange Zeit war er der Maßstab aller Dinge. Kein Mann, den ich bis zu diesem Zeitpunkt kennenlernte, konnte ihm das Wasser reichen, das stimmt wirklich. Keiner war so grausig. Diese Liebe war wie ein Krieg, leicht zu beginnen, schwer zu beenden und unmöglich zu vergessen. Danach spielte er emotional nie mehr nur die kleinste Rolle.

Ich kann dazu nur sagen: Es ist schon interessant, wie Menschen schlafen. Ich schlafe auf der Seite, meine beste Freundin auf dem Rücken und mein Ex offenbar mit JEDER ... total verrückt.

Ein weiteres Beispiel kann ich auch liefern: Unlängst kam eine Schadensmeldung ins Büro. Mein letzter Ex-Freund hatte sein Ceranfeld zerstört. Da er mich aus seinem Leben verbannt hatte, sendete er es meiner Kollegin, die war allerdings gerade im Urlaub. Somit meldete ich den Schaden und musste mit ihm kommunizieren. Mir zeigte es Folgendes: Es gibt noch etwas zu klären, es gab einen Grund, warum er einen Schaden hatte. Nichts passiert aus Zufall. Tage später wusste ich auch, was es war. Er war schon länger in einer Beziehung, dies traf mich. Nach so kurzer Zeit. Ich konnte auch gar nicht verstehen, wie es nach so kurzer Zeit so ernst sein konnte. Bis ich nach dieser Schadenmeldung erfuhr, wer seine Freundin war. Die Nachbarin. Das fand ich lächerlich. Seither hatte ich auch an ihn keinen Gedanken mehr verschwendet, denn dies war die Höhe. Loyalität für ihn ein Fremdwort. Jede, aber wirklich jede Frau hätte mich nach so kurzer Zeit getroffen. Aber diese bestimmt nicht. Ehrlich gesagt passt das natürlich ganz gut. Genau sein Beuteschema, voll tätowiert, nicht sonderlich viel in der Birne, Hauptsache schön, wie all seine Ex-Freundinnen vor mir. Auf eine solche Beziehung kann ich gar nicht neidisch sein, dafür habe ich zu viel mitbekommen in dem letzten Jahr. Von ihm bin ich menschlich sehr enttäuscht. Ich hätte mir nie erwartet, dass er jemals mir gegenüber so sein wird und ich hatte meinen besten Freund verloren. Diese Tatsache tat mehr weh, mehr als alles andere.

Ich sah ihn noch zwei-, dreimal, aber sein Verhalten war nur sonderbar. Er grüßte mich nicht, sah weg und ignorierte mich. Traurig, wie sehr man sich mal verbunden war, und heute?

Hier fällt mir spontan ein, dass es mein Traum ist, mit Schweinen zu schwimmen auf den Bahamas. Früher habe ich mit ihnen geschlafen, heute möchte ich mit ihnen schwimmen. So ändern sich die Zeiten.

Außerdem erfuhr ich, dass mein Ex-Mann eine Zeit als Kind im Heim war und dass es ein Attest gibt, das eine Schizophrenie bestätigt. Auch mit dieser Erkenntnis wurden mir die Augen geöffnet. Es ergab so vieles Sinn.

Aber wie heißt es so schön, wenn sich eine Tür schließt, öffnet sich die nächste.

So kam es auch, dass ich um diese Zeit mein Auto verkaufen wollte, da ich ein Firmenauto bekam. Hierzu meldete ich mich wieder bei einem alten Bekannten. Was soll ich sagen, er wurde in den letzten Monaten zu einer meiner Hauptbezugspersonen und zu meinem besten Freund. Er schätzt mich und ich schätze ihn. Seine Meinung ist mir wichtig und ich freue mich, solch einen Menschen in meinem Leben zu haben. Ohne meinen Autoverkauf wäre dies nie passiert.

NEUE BEKANNTSCHAFT

Männertechnisch war ich den ganzen Sommer über nicht sehr motiviert. Ich hatte keine Dates und ich wollte auch keine haben. Ich hatte genug und musste zu mir finden, ich beschloss sogar, bis zum Umzug alleine zu bleiben. Funktionierte allerdings nur bedingt. Eine ganz liebe Freundin schickte mir irgendwann im Herbst ein Foto. Ich wusste nicht, was ich damit anfangen sollte, und bevor ich noch fragen konnte, hatte ich eine Facebook-Anfrage. Nach Rücksprache mit ihr nahm ich diese an und begann zu schreiben. Anfangs war das wirklich lustig, bald wurde mir die Schreiberei aber zu doof und wir telefonierten. Er beeindruckte mich, denn er rief gleich mal an. Wir hörten uns oft und lernten uns kennen, da er nicht gerade ums Eck wohnte, telefonisch. Ein Wochenende später besuchte er mich. Ich war total aufgeregt – es war mehr oder weniger ein Blinde Date. Es war lustig und wir hatten einen guten Draht zueinander.

Er war verliebt, am liebsten hätte er mich schon geheiratet. Er sah sich schon zu mir zu ziehen, Kinder zu bekommen und, und, und. Mir ging das alles zu schnell, mich überforderte es. Ich wollte mir die Sache aber ansehen, er war vielversprechend, er war wirklich lieb und zuvorkommend. Er las mir alle Wünsche ab. Ich war außerdem schon länger auf der Suche nach einer Urlaubsbegleitung über Weihnachten. Heuer wollte ich auf alle Fälle über Weihnachten in die Sonne. Das war klar, nur leider fand ich niemanden. Er war sofort dabei. Ich hatte meine Reise schon gebucht, kurz bevor wir uns das erste Mal trafen. Nach den ersten Treffen fand ich die Vorstellung, er würde mitfliegen, gut und wir versuchten noch einen Flug zu bekommen, allerdings gab es keine freien Plätze mehr. Wir ärgerten uns, zu einem späteren Zeitpunkt war ich erleichtert. Den Sinn dahinter erkannte ich kurz darauf.

Das zweite Wochenende war anfangs auch gut, jedoch machten sich die ersten Zweifel breit. Er hatte keine Hobbys. Alles, was er mir anfänglich erzählt hatte, seine Aktivitäten, waren lange vorbei. Derzeit ging er nur Arbeiten und nach der Arbeit auf drei bis vier Bier und dann nach Hause. Das war‘s. Ein Ding der Unvorstellbarkeit für mich. Ich ging arbeiten, hatte ein Kind, machte eine Torte, gab Nachhilfe, schaute auf andere Kinder und das alles in einer Woche. Jedenfalls gingen wir in ein Lokal. Er stand in einer Runde bei meinen Freunden und ich sagte, dass ich nur schnell zur Bar gehen würde – Getränke holen. Das Lokal war überschaubar und er war mehr als angetrunken. Während ich mich anstellte und auf meine Getränke wartete, rief er mich dreimal an. Als ich zurückkam, war ich nur noch genervt. Ich war doch nur an der Bar gewesen. Es folgte der erste Streit und am nächsten Tag schickte ich ihn früher nach Hause als geplant. Ich hatte vorerst genug. Fing ja schon gut an – eine Klette. Noch dazu hatte ich Angst, wenn das wirklich ernst werden würde, sein Babysitter sein zu müssen. Innerlich wusste ich schon, dass es genauso schnell vorbei war, wie es anfing, aber ganz wollte ich ihn noch nicht abschießen. Ich beschloss also, noch ein weiteres Wochenende abzuwarten.

Doch da kam mir ein Anruf von ihm dazwischen. Er musste sofort ins Krankenhaus, er hatte Hodenkrebs. Na toll, nicht schon wieder Krebs. Diesmal aber wirklich, er hatte leider wirklich Krebs und musste sofort operiert werden. Ich besuchte ihn im Krankenhaus, war allerdings reserviert und vermittelte ihm schon, dass es irgendwie vorbei war. Auch wenn ich es in diesem Moment noch nicht aussprach. Dies tat ich Tage später …

und PLÖTZLICH ERGAB ALLES EINEN SINN

Einen Tag nach dem Krankenhausbesuch ging ich mit meiner Familie zum Eishockey, eigentlich hätte ich auch eine Karte für ihn gehabt, aber er war ja verhindert. Der Grund war natürlich schrecklich, aber ich hatte so und so vorgehabt, ihm abzusagen. Ich organisierte als Ersatzbegleitung einen Freund von meinem Sohn. Mein Grundsatz bis zum Umzug, Männer Männer sein zu lassen, wurde wieder aktiviert. Als wir alle vor Spielbeginn zusammenstanden, sah ich plötzlich meinen ehemaligen Nachbarn. Wir waren gegenüber aufgewachsen, die Wohnungen unserer Eltern waren nur durch einen Parkplatz getrennt und man kannte sich. Vor Jahren waren wir außerdem ein paar Mal gemeinsam unterwegs. Auch damals war er mein Nachbar. Ich wohnte mit meinem Sohn in einer Wohnung und er gegenüber. Er hatte Charme, war mir aber suspekt und ein absoluter Frauenheld, nichts für mich. Männer wie ihn hatte man nicht für sich. Sein Angebot von damals, er würde mir in einsamen Stunden aushelfen, nahm ich nie in Anspruch. Ich zog mich geschickt aus der Affäre und da ich kein Interesse an One-Night-Stands hatte, verlor sich der Kontakt. Ich bin einfach nicht dafür geschaffen. Als ich ihn sah, verdrehte ich meine Augen und sagte zu meiner Familie: „Jetzt bin ich nach Jahren wieder beim Eishockey und dann sehe ich den Deppen.“

Noch nicht mal ahnend, wen ich meinte, schrie mein Schwager: „Heyyyyyyyyyyy, Hallo.“ Er meinte ihn und schneller stand er neben mir, als ich nach Luft ringen konnte. Super gemacht, danke, Lieblingsschwager. Der hatte mir gerade noch gefehlt. Stunden später war mein anfänglicher Sarkasmus verschwunden. Vielleicht hatte er mir wirklich gefehlt? Denn da war er plötzlich, der Mann meiner Träume: erfolgreich, ehrgeizig, ein hervorragender Tänzer, er tanzt wie Fred Astaire und er konnte mich „führen". Genau das brauchte ich, bei vielen Tanzpartnern musste ich die Führung übernehmen, wegen Unfähigkeit, aber bei ihm funktionierte es hervorragend. Und eine Frau wie ich braucht hin und wieder Führung, nicht nur beim Tanzen. Aber weiter zu ihm, ein Austropop-singender, französisch sprechender Mann. Er eignete sich in wenigen Jahren selbstständig zwei Sprachen an und war gerade dabei, ein Instrument zu lernen. Er faszinierte mich, mit jedem weiteren Detail. Er war gewillt, mehr aus seinem Leben zu machen. Ich wusste, jemand mit so vielen Hobbys und Interessen, der so viel um die Ohren hatte und wie ich, bereit war, sich permanent weiterzuentwickeln, nicht stehen bleiben würde, konnte mir niemals auf die Nerven gehen. Ich könnte ihn nie mit meinem ständigen Drang weiterzukommen überfordern. War er doch ähnlich. Ich müsste ihn nie bespaßen. Oh Mann, danke Universum, dass du mir diesen Mann geschickt hast. Außerdem hatte er Charme, gefährliche Kombi – clever und hot. Er beeindruckte mich, ich war imponiert wie selten zuvor und ich spürte dieses Kribbeln und konnte es nicht fassen, dass ich mich noch jemals so schnell von 0 auf 100 verlieben konnte … Er haute mich um. Ich hatte nicht mehr daran geglaubt, ich fühlte mich in seiner Nähe unfassbar wohl. Sechs Jahre waren vergangen, seit ich dieses Gefühl so unkontrollierbar und so schön gespürt hatte. Es funktionierte doch, wenn der richtige Mann vor einem steht ... Mir war schon nach dem ersten Abend klar, endlich war er da, mein Traummann …

Schlusswort

Am Ende wäre noch zu sagen, dass, egal, was alles passierte und noch passieren wird, ich bin überzeugt davon, dass alles gut wird. Ich bin glücklich und nur man selbst kann sich glücklich machen. Das nächste Jahr bringt viele Veränderungen. Ich werde Tante, ich werde Taufpatin, Aufgaben, auf die ich mich wahnsinnig freue und die schon jetzt mein Leben bereichern. Außerdem ziehe ich in meine Wohnung und ich freue mich. Ein Neustart, der Beste meines Lebens, denn seit dem ersten Mal, als ich vor fast einem Jahr in dieser Wohnung stand, hat sich viel geändert. Ich habe mich verändert. Ich habe zu mir gefunden, ich habe begriffen, bei welchen Themen ich ansetzen musste und muss und ich bin absolut dankbar. Dankbar für mein wundervolles Leben, mit wunderbaren Menschen. Ich habe eine Familie und Freunde, die mich lieben und mich unterstützen, die, wenn mir die Kraft fehlte, mir immer wieder die Kraft gaben und mir trotz großer Tragödien immer wieder ein Lächeln ins Gesicht zauberten. Nach jedem Gewitter scheint auch wieder die Sonne. Ich habe durch all das gelernt, immer das Positive mitzunehmen, denn wenn man es nicht tut, geht es einem auch nicht besser.

Ich habe meine Vergangenheit mit diesem Buch aufgearbeitet. Nicht immer war es leicht, oft sind mir ein paar Tränen heruntergerollt, aber es war ein absoluter Heilungsprozess.

Ich habe erkannt, dass ich keiner Person mehr böse bin, alles hatte seinen Sinn und war für mich ein absoluter Lernprozess.

Ich liebe mein Leben und bin mir sicher, dass es absolut lebenswert ist und immer war, auch wenn ich manchmal von meinem Weg abkam, weil ich mir zu wenig Selbstschätzung, Liebe und Wertschätzung schenkte.

Ich habe gelernt, Schlussstriche zu setzen, und Menschen, die mir nicht guttun, mit dem nötigen Abstand zu begegnen.

Ich bereue absolut nichts, ich wurde immer von meinem Herzen geleitet. Auch weiterhin werde ich das tun, aber ich werde versuchen mich nicht von Ängsten leiten zu lassen.

„Wahre Liebe ist niemals ohne Schmerz", sagte der Hase und umarmte den Igel. Für diese Liebe bin ich bereit, mich erneut verletzlich zu machen, doch ich bin nicht mehr bereit, mich unter meinem Wert zu verkaufen.

Ich möchte keine Null-acht-fünfzehn-Beziehung mehr, die beim ersten Problem scheitert. Ich will mehr. Das Leben schenkt uns oft genug Herausforderungen und nur mit einem Partner, bei dem man angekommen ist und der Liebe nicht mit Größenwahn verwechselt, kann es funktionieren. Am Ende des Tages sind wir Menschen nicht dafür gemacht, allein durch das Leben zu gehen. Jeder Sonnenaufgang ist schön, doch neben dem richtigen Menschen ist er noch schöner. Ich für mich habe gelernt, was mir bei einem Mann wichtig ist und ich möchte einen Mann, der mich bereichert und so liebt, wie ich bin. Der erkennt, welch Bereicherung ich für ihn bin, dies schätzt und mir Respekt zollt.

Ich freu mich auf alles, was noch kommen wird, und ich glaube, das ist einiges. Ich bin gespannt auf all die

Menschen und Erlebnisse, die mein Leben noch für mich bereithält. Denkt immer daran. Egal, was passiert, ihr selbst habt es in der Hand, glücklich zu sein. Ich bin es …

Danksagung

In erster Linie möchte ich meiner Mutter danken, denn ohne sie wäre ich gar nicht hier. Außerdem hat sie den Grundstein für mein Leben gelegt und mir mit ihrer Erziehung die Basis geliefert. Natürlich habe ich dann irgendwann meinen Weg gefunden, aber sie hat mir gelehrt, dass man mit Ehrgeiz sehr weit kommen kann. Sie hatte es nicht leicht als alleinerziehende Teenagermutter in ihrem Leben. Bestimmt war nicht alles richtig, aber sie hat ihr Bestes gegeben und das zählt am Ende des Tages. Sie hat mir außerdem meine große Klappe vererbt und mir gezeigt, dass man mit einer ehrlichen, direkten Art sich bestimmt nicht immer Freunde macht, aber dass die Freunde, die bleiben und dich akzeptieren, unbezahlbar sind. Außerdem danke ich dafür, dass sie meinem Bruder in der schwierigsten Zeit beigestanden hat und dabei sogar ihr eigenes Leben hintenangestellt hat. Ich bin froh, dass sie dies nie für mich tun musste, aber ich weiß, dass sie es, wenn es nötig gewesen wäre, auch für mich getan hätte.

Ich möchte mich bei meiner besten Freundin bedanken. Seit unfassbaren 18 Jahren ist sie ein Teil meines Lebens. Alle Höhen und Tiefen hat sie mit mir durchgestanden und war immer eine unfassbare Stütze. Wir haben gelacht, geweint und ich fühle mich ihr sehr verbunden. Vielen DANK für die vielen Stunden, die du für die Korrektur dieses Buches geopfert hast. Deine Meinung war mir schon immer sehr wichtig.

Auch meinen anderen engen Freunden, die sich oft diese unglaublichen Geschichten anhören mussten, denen ich sie 100x erzählte, danke ich für die offenen Ohren und den Glauben an mich, dass ich auch die eine oder andere Katastrophe meistern würde.

Ein weiterer Dank gilt meinen Arbeitskollegen. DANKE für die Unterstützung in meinem Vorhaben, dieses Buch zu veröffentlichen, und für alle Stunden, die sie mich ertragen haben, gerade in einer kleinen Firma bekommt man viel Privates mit. Ich war bestimmt nicht immer leicht, wenn ich gerade wieder einen neuerlichen Tiefpunkt in meinem Leben erreicht hatte. Ich gehe noch immer gerne jeden Tag in die Arbeit und dafür sind sie auch mitverantwortlich.

Ich danke auch meiner neu gewonnenen Familie, meinen Stiefschwestern, meinem Schwager, auf die ich mich jederzeit verlassen kann und mit denen ich zu einer netten Patchworkfamilie wurde.

Auch meinem Sohn möchte ich danken, er ist das Beste, was mir je passiert ist. Ein kleiner Junge, der mittlerweile schon ein frühpubertärer kleiner Mann geworden ist. Der mir an noch so schwarzen Tagen ein Lächeln ins Gesicht gezaubert hat, mir aber auch meine Grenzen aufzeigte. Er war der Grund, niemals aufzugeben. Ich bin wahnsinnig stolz auf ihn. Seine herzliche, sensible, lustige und ehrliche Art bereichert mein Leben.

Dankbar bin ich auch meinen „Wahleltern“ und meinem besten Freund, die ebenfalls seit Jahren an meiner Seite sind und mir immer wieder das Gefühl geben, sehr stolz auf mich zu sein. Vielen Dank auch für die vielen Stunden, wo ihr auf den Kleinen aufgepasst habt. Auch an alle anderen Babysitter – allen voran den Geschwistern meines Sohnes und deren Mutter – in den letzten Jahren. Ohne diese Unterstützung hätte ich mich nie so entfalten können, wie ich es tat.

Meinem heutigen besten Freund möchte ich ebenfalls danken, vor allem in den letzten Monaten wurde er zu einem Menschen, den ich nicht mehr missen möchte. Danke für die Ratschläge in Bezug auf Männer und den Glauben an mich, eine starke Frau zu sein, die all ihre Träume und Wünsche umsetzen und erreichen kann.

Ein großes Danke geht noch an meine „Psychologin“, Betreuerin, Beraterin, Mutter meines Herzens, die mich immer wieder in schwierigen Phasen aufgefangen hat. Es ist erschreckend, wie ähnlich wir uns sind, und so verbunden fühlte ich mich selten mit einer Person.

Auch dem Verlag möchte ich für die tolle Unterstützung danken. Ich kann ihn nur weiterempfehlen.

Last but not least danke ich allen Menschen, die ein Teil meines Lebens in den letzten Jahren waren. Egal, in welcher Form. Jeder von euch hat mich zu diesem Menschen gemacht, der ich heute bin. Die einen waren ein Segen, die anderen ein wichtiger Lernprozess.

Vor allem möchte ich auch meinen Männern danken, diese Schule, durch die ich durch euch gehen musste, hat mich am Ende des Tages zu mir selbst gebracht und mir aufgezeigt, was ich in meinem Leben erreichen möchte und kann. Im Nachhinein bin ich dankbar für jede Minute mit euch.